ちくま新書

# 頭がよくなる！要約力

齋藤 孝
Saito Takashi

1630

# 頭がよくなる！　要約力【目次】

# はじめに

現代社会のコミュニケーションは手短に、簡潔に伝えることが求められています。なぜなら今は全員が急いでいるからです。年々仕事のスピードが上がっており、もうこのスピードは後戻りしないでしょう。

それは、コンピュータのバージョンアップを見ているとよくわかります。私たちのパソコンは新しく更新されるたびに解析速度が上がっています。速度が遅くなるバージョンなど聞いたことがありません。

メールのやりとりも高速化されていて、その日のうちに返事がないどころか、二時間たっても返事がないと、不安を持つ人もいるようです。こんなことは手紙の時代ではあり得ない話でした。

どんどん高速化される中で求められるのは、情報を素早く要約し、交換できる能力です。いわば〝情報の卓球化〟に対応できる人材が必要なのです。

情報が短い言葉でカンカンとやりとりされて、以前なら小一時間かかっていた新しい本の企画の打ち合わせも、五分くらいで終わってしまうこともあります。お互いに手短に話

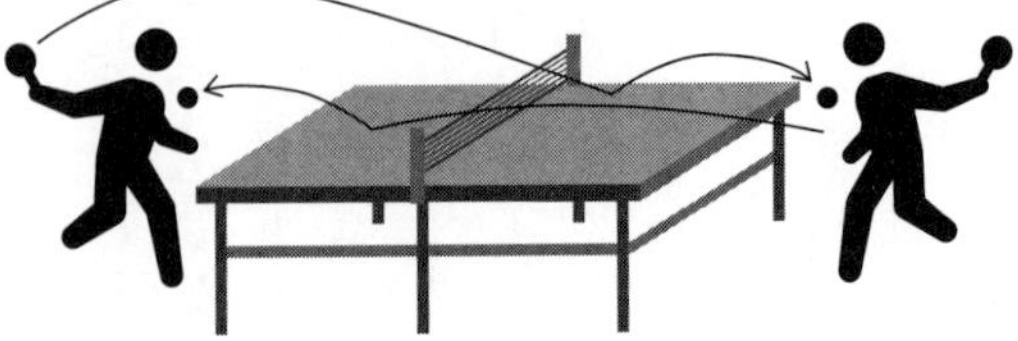

情報の卓球化

す能力があると、早く仕事が片づくのです。

　情報を短い時間で処理する能力が「要約力」だと、私は思っています。情報を的確に要約できる能力があれば、その場で渡された会議の資料をパラパラと見ただけでも「現状はこうで、課題はこうですね」と答えられます。

　とんちんかんで的外れだったり、長々と要領を得なかったりする話が〝情報の卓球化〟時代においては一番嫌われるので、みなさんもカンカンと卓球のように高速で、的確な球を返す人になってください。

　さらに球に変化があれば、もっと重宝されるでしょう。時と場合に応じて、角度のある球を自在に返せれば、「なんて頭がキレる人だ」と一目置かれ、「あの人と仕事をしたい」と言われる人になれます。

　この本では、卓球化する現代社会の要望に応える「要約力」の鍛え方について学びます。「要約力」は、鍛えればどんどん向上します。私は大学で、学生たちに新書を一冊要約して一五秒で話してもらう授業をやっているのですが、やればやるほど「要約力」が高まっていきます。トレーニングの効果は実証ずみです。

みなさんも「要約力」を鍛えて、高速化する情報化社会を生き抜いてください。

# 第一章

# 今こそ必要な「要約力」

## †「要約力」こそが現代に必要な力

みなさんは小学生のころから、「この文章を要約しなさい」とか「この話を要約してください」といった問題に取り組んできただろうと思います。そのころは、「要約力」はある程度、大切なものだと思ってきたでしょう。

でも学校を卒業したあと、「要約力」を直接問われる場面はあまりなかったのではないでしょうか。「要約力はぜったいに必要な力だ」と痛切に感じている方は、それほど多くないと思います。

しかし私は「要約力」こそが生きる力の基本であり、人と人とがコミュニケーションする時の必須の条件と考えています。

なぜそう考えるようになったのかというと、日々たくさんしている授業の場面で、よく「要約力」の壁にぶつかるからです。

こんなことがありました。ある授業で、一冊の本を読んできて、みんなで意見を交わす場面があったのです。

そのクラスにはメインの先生が一人いて、私はサブで参加していました。生徒さんが一〇人いたのですが、驚いたことに一〇人が一〇人とも、要約がバラバラだったのです。私ともう一人の先生との間では要約は一致していたのに、生徒さんのほうはバラバラです。

その状態で話し合ったとしても、それぞれがとらえている内容が違うのですから、ディスカッションが進みません。案の定、本に対する理解がずれているので、プラスの意見もマイナスの意見もみな的外れになってしまいました。

とりわけ、マイナスの意見でその傾向が顕著でした。本の内容を批判する人がいたのですが、要約がずれているので、感情的にたたいているだけにしか聞こえません。授業がいっこうに進まなかったのを覚えています。

意見は「みんな違ってみんないい」かもしれませんが、要約はそうはいきません。要約は共通基盤なので、それを欠くと非生産的になります。

これは学校の授業ですから、せいぜい「議論が建設的に進まなかったな」ぐらいの結果ですみました。でも、もし仕事の場だったらどうでしょう。

企画書をつくって、大事なプレゼンに備えなければならないとか、販売戦略を練って、新しい方向性を決めなければならないなどといった重要な局面で、「意見がまとまらなかったので、できませんでした」ではすまないだろうと思います。

また人と深い関係を築きたくても、相手の言っていることがわからなかったり、意図が要約できたりしなければ、コミュニケーションを取ることができません。「あの人はいつもとんちんかんな受け取り方をする」ということになれば、知らず知らずのうちに排除されてしまってもいたしかたないかと思います。

ものごとをどうとらえて要約するのか、その要約こそが、共通認識の基礎となります。だからこそ、的確に要約できる「要約力」は社会で生きていく上でもっとも大切な力ではないかと私は思っているのです。

そこで「要約力」という観点から、世の中のすべてを見直し、鍛え直してみようというのがこの本の主旨です。

## †「要約力」の効用とは何か

まず、なぜ「要約力」が必要なのか、その効用について考えてみましょう。

### (1) 人を幸せにできる

私は学者ですので、論文を書いたり、読んだりする機会がたくさんあります。論文は文字量のあるものが多く、四〇〇字×五〇枚～一〇〇枚くらいのものも珍しくありません。それだけの分量を頭から読んでいくのは、たいへんな労力を要します。

私はかつて大学院生だったころ、論文でひどい目にあった経験があります。ある研究者のぼうだいな量の論文を四苦八苦して読み進め、ようやく終盤までたどりついたのですが、そこには「今まで述べてきたことはすべて私の批判したい所で、私が本当に述べたいのは云々」と、まったく正反対のことが書かれていたのです。

私は愕然としました。時間を返せ、とはこのことです。私が苦労して読み進めてきた部分はほとんどが前ふり。本論ではなかったというわけです。

そういうことがないように、今はサマリーといって、要約を最初につけるのがしきたりになっています。親切な人はキーワードを五つくらい並べておいてくれるので、本文を読むときもその五つを中心に抜き出していけば、スムーズに要約ができます。

逆にいうと、自分の論文のキーワードが五つ抜き出せないようだと、その人は自分が書いているものの重要な骨組みがわからないということになります。他人が検索するときに、その五つのキーワードがひっかかるような、言ってみれば〝把手《とって》〟に当たるようなキーワードを設定できるかどうかで、その人の「要約力」のレベルが判定できるといっても言い過ぎではありません。

つまりこちらに「要約力」があると、相手が要約する労力を省けますから、相手のエネルギーをひじょうに節約できます。要するに、みんなの幸せにつながるというわけです。反対に「要約力」がない人が、仕切り役になると大変です。みなが不幸になります。たとえば、「要約力」がない人が会議の司会をやった場合は、何がなんだかわからなくなって収拾がつかなくなり、会議が長くなってみんなの幸福な時間が減ってしまいます。「要約力」のある人とすごす時間は効率が良くて幸せですが、「要約力」がない人と一緒だとやたら時間がかかってしまい、労多くして実入りが少ない。すなわち、不幸になるというわけです。

みなさんも仕事で報告書や、何らかの文書を出す必要に迫られることがあるかもしれません。そういうとき、「長すぎる」という印象を持たれるのはマイナスです。

A４の紙で二五枚もくると、「うーん、いろいろ言いたいことはあるらしいが、これだけ長い必要はあるのか。もっと短くまとめてほしいな」と思われてしまうに違いありません。

　受け取る側に立ってみると、できれば一行でまとめてほしい。無理なら五行でもいい。百歩譲ってＡ４の紙一枚にまとめてくれるなら、許せるかな、というふうに思います。

　みなが幸せに暮らすことを願うなら、「要約力」は必須の力。人を幸せにしたいなら、文書はＡ４一枚まで。覚えておきましょう。

### (2)　人をひきつける

　みなさんの身近に「この人、すごく人柄はいいんだけれど、いくら言っても（こちらの意図が）伝わらないよな。話を聞いていないのかな」とか「聞いたふりして、無視しているのかな。のれんに腕押しだな」と思われてしまう人はいませんか。

　そういう人の多くは、実は一生懸命、話を聞いています。でもこちらの話が要約できないので、最初のほうの文章だけ覚えていて、あとはよくわからなくなってしまったり、自分の関心がある枝葉末節のところだけに反応したりしてしまうのです。

　けっして悪気はないのですが、話していても、的外れな反応しかできません。そのうち

「この人に話しても意味がない」と敬遠され、重要な場ではのけものになってしまいます。要するに魅力がない人になってしまうわけです。

でも「要約力」さえあれば、相手の意見や言いたいことやリクエストを取り違えることがありません。言いたいことを的確に把握してくれて、なおかつ打てば響くような反応を返してくれれば、人はうれしくなって、もっと話したくなります。魅力のある人になれるのです。

私の知り合いがこんな話をしてくれました。その人は仕事上の必要があり、ぼうだいな資料を持って、霞が関の官僚をたずねたそうです。

知り合いはひじょうに優秀な女性でしたが、前々から官僚が好きではありませんでした。手続きばかり要求する上に、偉そうにしているから、本当に嫌だったと言っていました。

そのときもしかたなく霞が関に出向いたのですが、応対した官僚に資料を説明しようとしたところ、向こうはパラパラと資料を見て、「これはこういうことで、こうですね。すると、課題はこういうことなので、こうですね」とパパッと言い切ったのです。

さらにはパラパラと見ただけの資料なのに、「資料の数字が一部間違っていましたね」

とサラリと間違いまで指摘したので驚嘆したそうです。

その能力に衝撃を受けた、と彼女は感心していました。「つまるところ、官僚とは「要約力」をベースにした仕事なんですね。ぼうだいな情報を処理して、要約できなければ判断ができない。まさに恐るべき「要約力」です」

その日以来、官僚に対する見方が変わったそうです。大嫌いだったのが、それからは尊敬の念と信頼感が芽生えたと言っていました。


「要約力」があって、こちらの意図が的確につかめる人なら、意見は異なる人でも、一目置こうという気になります。少なくとも、排除しようとは思いません。

よく、一緒にいて気持ちがいいのは、〝聞き上手〟な人、といわれますが、聞き上手な人は「要約力」にすぐれていると私は思います。ただ漫然と人の話を聞いているのではなく、ちゃんと相手の言いたいことを頭の中で要約しているのです。

だから、的確なあいづちを打ったり、絶妙な返しができたりします。いい球を返すには、相手の球筋が見えていなければできません。球筋を読むのが「要約力」です。

ここに球がきてほしいという場所に、スパーンと小気味よく返球がくるので、「この人は私の話がわかってくれたんだ」という感動を与えられます。「この人と一緒にいたい」「この人といると気持ちがいい」と思わせることができるのです。

「要約力は、気持ちいいもの」なのです。

### (3) 人の役に立つ

要約ができると、意外なところで社会の役に立ちます。先日、私はおもに中年の男性が五〇〇人くらい集まっている講演会に講師として呼ばれました。

「では齋藤先生、よろしくお願いします」という紹介のあとに出て行って、「どうも、こんにちは。ただいま紹介にあずかりました五条悟です」と言ったのですが、会場はしーんと静まり返っていて、まったく反応がありません。

会場にせめて子どもが混じっていれば少しは受けたでしょうが、中年のおじさんたちだけだと〝五条悟〟はそこまでの浸透力がなかったのです。

五条悟とは『呪術廻戦《じゅじゅつかいせん》』（芥見下々《あくたみげげ》作・『週刊少年ジャンプ』連載中）という漫画に出てくる中心人物です。ひじょうに強くてかっこいい人物ですが、それがギャグとして伝わるためには、『呪術廻戦』が何かわかっていなければなりません。

そこで私は一五秒くらいで『呪術廻戦』の要約をして、共通認識をつくったのです。どんな要約をしたのかといいますと、

「『呪術廻戦』は呪いと戦う呪術師の物語です。人間の中で選ばれた呪術師たちが術式という力を使って戦います。彼らには「領域展開」という共通の技があるのですが、五条悟の「領域展開」は「無量空処《むりょうくうしょ》」と呼ばれていて、指の形はこうです」

たったこれだけの要約を早口で一五秒くらいでパパッと言いますと、私が冒頭で言ったギャグがどういうものだったか、みなさんも理解できました。どうやら『呪術廻戦』という漫画があって、五条悟が人気らしいということがインプットされたわけです。

すると会社で若い人たちが話しているのを聞いて、「あっ、五条悟ね」と言って、さらには指の形までを示せるかもしれません。私の一五秒ほどの要約がおじさんたちのこれからの雑談に貢献するかもしれない、ということです。

こんなふうに、誰かが世の中の話題になっていることをかいつまんで要約してくれたら

たいへん便利です。そういう人がいれば、社会や人のためにおおいに役に立つでしょう。

もうひとつ例をあげましょう。少し前に『愛の不時着』というドラマが話題になりました。ネットフリックスという動画配信サービスがつくったオリジナルドラマで、有料会員になれば視聴ができます。

しかし会員でなければ見ることができません。もし何人かで雑談していて、話題が『愛の不時着』になったとき、自分だけが見ていないとしたら、そこで交わされるいろいろな話についていけません。どこか仲間はずれになったような疎外感を覚えるに違いありません。

そんなとき、誰かが『愛の不時着』のあらすじを伝えてくれれば、会話についていくことができます。たとえばこんな説明をしてくれるとありがたいです。

「『愛の不時着』とはですね、韓国の財閥の令嬢がパラグライダーの事故で北朝鮮に不時着してしまい、その地で北朝鮮の兵士と恋が芽生える話なんですよ。でも南北に分かれている国同士ですから、たくさんの障害があって、ハラハラする話です」

たった一五秒ほどの要約ですが、「へえ〜、そういう話ね」と概略がつかめて、楽しく会話に参加できます。それだけでみんながずいぶん仲良くなれます。でも、この要約がないと、仲間はずれの構図ができてしまいます。

コミュニケーションの前提となるのは、基本知識の共有です。「これがわかっていれば、あれがわかります」という場合の「これ」に当たる部分が基本知識です。

たとえば雑談をしているときに、途中から誰かが入ってきたとします。その人にはこれまでの会話の流れがわかりません。そのときに誰か親切な人がいて、「これまでの話はこうでこうで、これこれこういう話でした」と簡単に要約してくれたら、「あっ、そうなんですか」とうまく加速をつけてもらって、みんなの速度と同じように話がはずみます。

高速道路での合流みたいなものです。加速をつけてうまく本線と合流できれば、流れに乗って快適な走行ができます。でも一台だけ低速でもたもたしていると、本人も危険だし、周りも巻き込まれて多重事故につながりかねません。

「要約力」があれば、そうした事故も回避でき、コミュニケーションがスムーズにいく、つまり社会を円滑に回す効用があるのです。

第二章

# 「要約力」こそが生きる基本である

## †「要約力」があれば的確な状況把握ができる

仕事をしている人を見ていて、ときどき思うことがあります。

この人はなぜこんなにスピードが遅いのだろう?
この人はなぜこんなに的を外しているのだろう?

それにはさまざまな要因があるはずです。仕事には難しい課題があります。その課題に対してどう行動すればいいのかという判断力の違いもあります。

しかし、私はいろいろな人を見ているうちに共通するものがあると気づいたのです。それは、状況を的確に把握する力です。

「今、何が必要か」「今、どういう状況なのか」、状況をきちんと把握していれば、少なくとも大きな的外れはありません。しかし状況が把握できていないと、取り組み方が間違ってしまう。仕事でも、人間関係でも、人生でも、どんどん的外れな方向に進んでいってしまいます。

まずは状況把握力が必要です。その把握力が何に支えられているかというと、私は「要約力」につきるのではないかという思いに至りました。

「要約力」というのは、簡単にいうと、本質をギュッとつかんで課題を見つけ出す力、「要するに○○は△△である」と的確に言える力のことです。

たとえば大学生に「今どういう状況なのか、そして今何が必要なのかを言ってみてください」と聞いてみると、もうその時点で脱落してしまう人がいます。「要約力」がないために、状況把握ができないのです。

先日もこんな例がありました。私は将来、学校の教師をめざす学生たちのクラスを受け持っていますが、教育実習中の学生に「今クラスで、子どもたちはどういう状況ですか」とたずねたときに、「全体の三分の一の生徒たちしか課題ができていない状況です。なので、三分の二の生徒たちがついていけるように指導します」と的確に答えられる学生がいました。その人には安心して実習をまかせられると思いました。

しかし中には、「ええ、まああの、なんとなく大丈夫だと思います」という答え方をする学生も少なからずいたのです。

そのような人は、状況をうまく把握できていません。つまり状況の要約ができていない。そのままにしておくと、グダグダの授業になってしまうので、私としては指導が必要だな、と判断しました。

## †内なる「要約力」を鍛えて状況を突破する

ではどうやって状況把握力を高めるのかですが、これがまさに要約をアウトプットして鍛えるのが一番いいのではないかと考えています。

状況把握力自体を鍛えようとしても、頭の中で行われているものですから、誰がどれぐらい状況を把握しているかがわかりません。自分自身ですら、その状況を的確に把握しているかどうかわかりにくい。

これは上達論の基本ですが、自分が今一〇のうちいくつくらいの位置にいるのかをわかる形にする、つまりアウトプットできれば、上達できます。要するにフィードバックが上達を支えるわけです。逆に言うと、今自分がどれぐらいの状態にあるのかがわからないと上達できません。

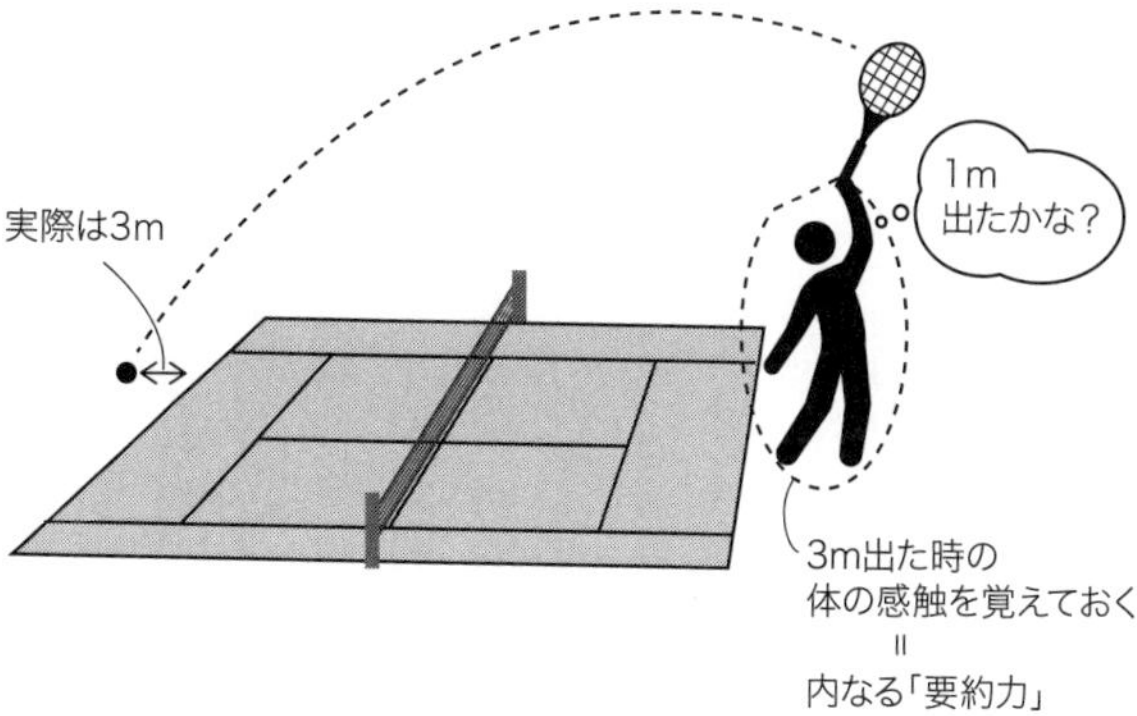
実際は3m
1m
出たかな？
3m出た時の
体の感触を覚えておく
＝
内なる「要約力」

『インナーテニス』の理論

ティモシー・ガルウェイが書いた『インナーテニス』（後藤新弥訳・日刊スポーツ出版社）というテニスの上達理論があります。この理論を私は実践し、コーチとしても活用しました。これはヨガを応用した理論で、自分が今どの状態であるかを自分自身で明らかにすることが、すべての上達の基本である、という考え方です。

たとえば、サーブを打つとき、ボールがコートの後ろのライン（ベースラインと言います）を出てしまうとアウトになります。その癖を直すのに、手首の角度が違うとか、足の向きを変えろとか、肘をあげてなどと、外から姿勢を正しても、うまく修正できません。

でも、まずその人に「今ベースラインから

何メートル、アウトしたと思いますか」と聞いてみる。「今のは、一メートルでしょうか」と答えたとすると、コーチが「いえ、三メートルです」と正確な数値を教えます。これがフィードバックです。

それをくり返しているうちに、その人が打った時の体の内部の感触と、結果として何メートルアウトしたのかという外部の数値がだんだん近くなってきます。この感触だとどれぐらいアウトしたのかがわかるようになる。内部の感覚と、アウトプットされた実際の数値との照合がなされ、自然に修正回路ができあがるわけです。

すると、自分の内部の感覚のほうを修正して、ベースラインの内側にボールを入れられるようになります。これが「インナーテニス」の理論です。テニスをコーチしていたときに、この理論を応用し、たいへん効果があった経験があります。

つまり自分の頭の中の要約をいったん表に出して、フィードバックしてみる。そのことで内部を修正する回路が形成され、外部に対してより正確な状況把握ができるようになるということです。

何が言いたいのかというと、「要約力」を表に出して、フィードバックする。要約という捉えやすいものを通して、状況把握力という捉えにくいものを上達させていくわけです。トレーニングによって「要約力」を鍛えれば、状況把握力が鍛えられるということです。状況把握力を鍛えようとしてもひじょうに難しい。状況把握力は、目に見えにくい複雑で総合的な判断をともなうものだからです。

でも、「要約力」を伸ばすトレーニングはわりに簡単に思いつくと思います。具体的なトレーニングのしかたは第四章で詳しく説明していますが、たとえば「この文章を要約してみて」とか「この話を要約して」と言われたら、すぐとりかかれます。「要約力」は、実に簡単な目に見えるやり方で鍛えられます。そういう簡単な形式を通して、目に見えにくい総合的な、複雑である状況把握力が鍛えられるのだとしたら、これをやらない選択肢はありません。それなのになぜみなさんは「要約力」を鍛えないのか、不思議に思ってしまいます。

「要約力」が的確な状況把握に結びつき、状況を大きく変えた例をひとつ紹介しましょう。長野オリンピックのスキージャンプ団体で金メダルをとった原田雅彦選手は、長野の前のリレハンメルオリンピックで、失敗ジャンプをやらかし、その後は絶不調におちいります。

しかし奥さんの「まーちゃんらしくやったら」というひと言で自分自身を取り戻し、「原田は何度でも復活します」という名言を述べて、表舞台に返ってきます。そして長野オリンピックの金メダルにつながっていくのです。

「まーちゃんらしく」というのは、原田選手を長くそばで見てきた奥さんの夫に対するあふれる思いの「要約」です。それを聞いて、原田さんは初心に返って、つまりは自分を要約し、状況をもう一度冷静に見つめ直し、絶不調を克服し、本来の力を取り戻せたのです。「要約力」さえあれば、状況把握力は自然についてきます。的確な状況把握ができれば、状況を有利に変えていくこともできるはずです。

ついでに言うと、状況把握ができれば、意思決定も早くなります。

状況把握がピントはずれで、仕事や人生がうまくいかないという人は、状況把握力を鍛えるのではなく、「要約力」を鍛えるのが先です。

トレーニングしやすい「要約力」を鍛えているうちに、知らず知らずのうちに状況把握力が磨かれていく。「要約力」が先。順番を間違えないようにしましょう。

## †「共同主観」を整えることが仕事のスタート

同じ状況下にあっても、人によって異なる把握をしてしまうのはなぜでしょう。それは、状況は客観的なものがひとつあるのではなく、みな見え方が違っているからです。

Aさんに見える状況とBさんに見える状況、Cさんに見える状況はみな違います。一〇人いれば、一〇の状況があります。状況は実はひとつではない。これが現象学の基本的な考え方です。

ところが、仕事ができる人たちは「今どういう状況ですか」と問われたときの答えがだいたい似ています。私はかつて予備校でテストの添削をするアルバイトをしていたことがありますが、文章の要約をする問題で、成績が芳しくない人の要約はめちゃくちゃで、「いや、今そこに目をつけるんじゃなくて、ポイントはここでしょ」「そこはどうでもいい話で、大切なのはこっち」という解答がたくさんありました。

一方、勉強ができる人の要約はわりと似ていたのです。つまり一人一人見える状況は違っても、ある程度共同主観的なものが存在するということです。

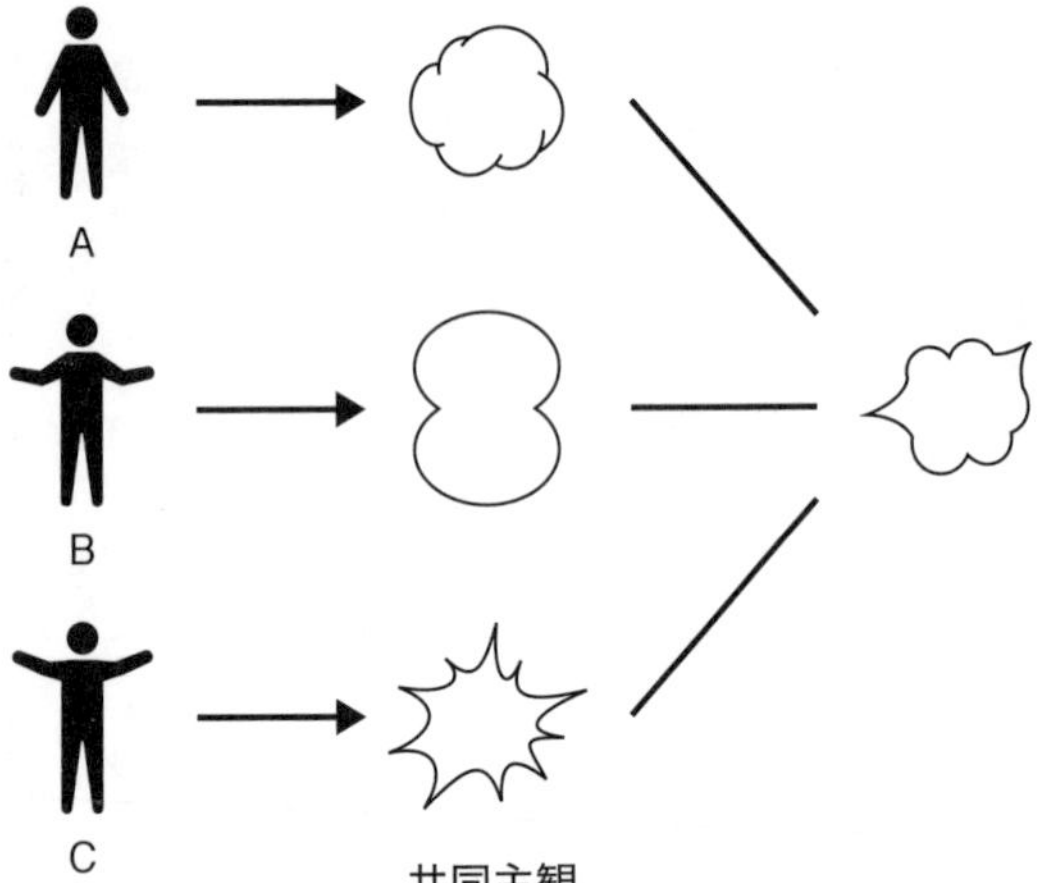


共同主観

「共同主観」とは「間主観」ともいい、主観と主観の間に共通性があるということです。主観は個人のものなので、それぞれ違って当然です。一〇人の人がいて、ある現実を体験したとしますと、それぞれ見ている現実が違うので、少しずつ見方や考え方も違います。

しかし、大きなくくりにおいて「だいたいこんな感じだよね」と共通するものがあります。現象学では、それを「共同主観」とか「間主観」と呼んでいます。

たとえば、コロナが蔓延しているときに、「コロナがはやってかえってよかった」という人が少数いるかもしれません。でも基本的な視点としては、「こんな大変なウイルスが広がって、経済は落ち込むし人々も自由な行動ができない。この状況は厳しいものである」という認識はある程度共有できます。「大変な状況だ」というのは個人の主観ですが、それぞれの主観を取り出したときに共通しているものがある。それを「共同主観」または「間主観」と呼ぶわけです。

つまり絶対的に客観的なものはありませんが、およそこれが客観性と呼ぶにふさわしいような共通の認識であろうと考えるのが、フッサールの現象学です。

そして、私たちは「共同主観」をそのつど修正しながら、「これだよね?」「これだよね?」と確認しあって生きているのです。

しかし「共同主観」が共有できないと、社会で生きていくのが難しくなります。客観性に近い「共同主観」に基づいて議論をしたいのに、そこがずれてしまえば、延々と不毛な言い合いが続いて、やりとりが生産的になりません。

「共同主観」は言い方を変えれば、要約の結果といってもいいでしょう。状況をどう要約したのかという、そのあらわれが「共同主観」になります。

よくテレビのディベート番組で、互いに水掛け論のように非生産的な言い合いが延々と続くことがあります。一見、感情的に見えるその議論の裏には、「共同主観」が共有できない、つまりはどちらか、あるいは両方に「要約力」の欠如があるのではないかと思います。

一方、「共同主観性」がお互いに成立していると、話が合うことになります。「この状況はこれだよね」「課題はこうだよね」とパパッと伝え合って、「だよね」「だよね」ということになり、素早く認識が共有できます。

認識が共有できると、意思が統一しやすいので、ビジネスの場では、「じゃあ、これでやろう」と意思決定が早くなり、すぐに的確な行動に移せます。つまり「仕事ができる」人になるわけです。

ですからみなさんも仕事を進めるときは、「共同主観」すなわち個々の要約の結果の確認を怠らないようにしましょう。

たとえば営業上のある数字を示して、状況がひっぱくしているから、新たな方針を提案したいとき、「いや、この程度ならひっぱくしていないでしょう」という意見が出たとします。その人の〝要約〟では状況がまだ深刻ではない、という認識です。

「では、この数字はどうですか?」「ここと比べてこの動きはどうですか?」というように、別の状況を示しながら深刻度を確認し、「これはこうですよね」「ここまではよろしいですか」「ここまでは納得していただけましたか」と、ひとつひとつ「共同主観」を積み上げていく作業がとても大切です。個々の要約の確認が大切だということです。

## †優れたサッカーチームに見る「要約力」の爆発

「共同主観」がわかりやすい形であらわれるのがスポーツの世界です。とりわけチームスポーツでは、状況把握の「共同主観」、すなわち要約の共有が欠かせません。

私はサッカーというスポーツが大好きです。十代のころは自分でもやっていましたし、大人になってからも、シーズン中は毎日一試合は平均して観ています。

なぜこんなにサッカーが好きなのかというと、状況を的確に把握して、「共同主観」を伝え合うスポーツだからだ、と先日気がつきました。要するに、「要約力」が勝負を決めるスポーツなのです。

たとえば試合の前半で、自分たちの戦略がはずれて、当初のプラン通りにはいかない状況におちいり、チームがパニックになったとします。

そのパニックを感じながら、「じゃあどうする」ということで、瞬時に状況を要約しながら、「自分はこっちに動くから、あっちをカバーしてくれ」など、ほんの短い言葉で伝え合って、「共同主観」を修正していく。

瞬時に状況を把握して、要約して伝え合う力、その能力が高い選手たちが多ければ、チームは戦いの中で修正がきいて、すぐに体制を立て直せます。

あるいは優れた監督がいれば、ハーフタイムに「今こういう状況にいるから、ここをこうして、こうやって、こう修正するから」とパパッと状況を要約して課題を伝えられます。ハーフタイムは時間がありません。一五分しか休みがないのに、選手は一一人います。しかもその間に、着替えたり休んだりしないといけないので、一人一人に対してあれこれ言っている時間はありません。いかに状況を要約して、伝えられるかが勝負です。

優れた監督になると、選手一人一人に対する要約が的確ですから、それがモザイクのように組み合わさって、後半のピッチ上で完成します。

「おおー！　戦い方が全然変わりましたね」ということになるので、私は前半と後半で戦い方がどう変わるのかを楽しみに、試合を観ています。

日本代表のキャプテンを長くやっていた長谷部誠選手は、状況を読み取る力がたいへん優れていて、優れた「要約力」を発揮する選手です。選手でありながら、監督のように全体を把握し指示を出すので、「ピッチ上の監督」とまで言われています。

しかもドイツのチームにいましたから、ドイツ語で選手に指示をしている。おそらく彼はドイツでも監督が務まるのではないでしょうか。

この力を見るにつけ、私は「いやあ、長谷部選手の「要約力」は素晴らしい。まさに世界に誇る日本人の代表だな」と感心してしまいます。

要するに「共同主観」が形成できている組織は高いパフォーマンスを発揮できます。それぞれの要約をすりあわせながら、「共同主観」を積み上げていく作業が大切だということです。

## ✝成功者の重要なポイントは本質をつかむ力

それなりに長く生きてきましたので、世の中のいろいろな失敗を目にしています。その原因の多くは、「要約力」の低さに起因するのではないかと思うことがあります。

逆に言うと、成功している人の重要なポイントとして「要約力」があると思うのです。その場合の「要約力」が何かというと、本質を的確に、できるだけシンプルに把握する力です。

「本質」ということを考えるとき、私の頭にいつも浮かぶのは数学や物理学の公式です。たとえばニュートンの運動の法則は、F＝maというひじょうにシンプルな公式であらわせます。Fは力、mは質量、aは加速度です。

基本的に物体の動きはすべてF＝maであらわすことができます。この世の力と質量の関係を加速度という要素を入れて、キュッとひとつにまとめたシンプルな要約です。私は高校の物理の授業で、この運動方程式を学んだ時、ニュートンの要約力に驚嘆しました。

同様にアインシュタインの$E = mc^2$もエネルギーと質量の関係をシンプルなこの式に集約しています。Eはエネルギー、mは質量、cは光の速度です。すべてのエネルギーは質量に光の速度の二乗をかけたものと等価である。めまいがしそうなくらいシンプルで本質的な要約です。

二つの公式とも、宇宙の原理をキュッと要約して、数式としてあらわしています。本質的かつシンプルで美しい。これくらい本質を要約できる力があれば、どんなところに行っても成功できそうです。

達人は、絶対にはずせない要素、本質的な要素をできるだけシンプルにつかむ能力を持っています。私たちも「本質は何だろう」「ここで絶対にはずせない不可欠な要素は何だろう」というふうに、いつも意識しながらものごとを見る癖をつけておくといいでしょう。本質をキュッとつかまえてシンプルに捉える能力を磨くことが、達人の道です。

本質をつかまえてシンプルにする、で思い出しましたが、作家の幸田露伴が妻の幾美さんについて「そのさときことにあわれをさえ催した」と言っています。娘の幸田文さんが『みそっかす』に書いていました。感心を通りすぎて、「あわれ」を誘うくらい賢かったというのですから、相当な女性だったと推察できます。

どんな賢さだったのかというと、幾美さんは食べたこともない西洋料理を、露伴の話を聞いただけでつくってしまうというのです。それもほぼ原品に近いものが出てきたそうです。なぜそんなことができるのかと露伴が聞くと、幾美さんは「西洋料理はつまるところ、上へかけるものの料理ですか」と質問してきたそうです。

まさに西洋料理の本質は肉でも野菜でもなく、ソースが命。幾美さんはその本質をしっかりつかんでいたので、そんな質問もできたのでしょう。西洋料理にとって絶対はずせない要素は何かと考えたとき、幾美さんは「ソース」というシンプルかつ本質的なものにたどりついたわけです。

娘の文さんは、父の露伴にそこまでかしずいたことはないと書いていました。そんな母親と比べられたのではたまらない、ということなのでしょう。

仏教学者の鈴木大拙と共に禅の教えを世界に広めた鈴木俊隆《しゅんりゅう》老師は、目ざすべきあり方を「禅マインド」だとひと言で述べています。禅について細かく説明したら、ぼうだいな話になるでしょう。でも「絶対はずせない不可欠な要素は何か」とつきつめていって、「禅マインド」というシンプルかつ本質的な言葉に行き着いたわけです。

彼は「禅マインド」について英語で記し、それが全世界に広がって「禅」というものが世界中に知られるようになりました。鈴木俊隆の『禅マインド ビギナーズマインド』は、一九六〇年代、米国の若者に大きな影響を与え、スティーブ・ジョブズもこの本を愛読しています。

まさにニュートンの $F=ma$ やアインシュタインの $E=mc^2$ と同じように、シンプルかつ本質的だったからこそ、東洋の本質は「禅マインドである」という公式が、世界中に浸透したわけです。

私たちも何かを見るときに、「これはキュッと縮めてシンプルに言うとしたら、何という言葉になるだろう」といつも考えていると、もしかしたら斬新なひと言が浮かぶかもしれません。

世界を変えるようなひと言が思いつけたら、それだけで達人と言えます。

### †究極の「要約力」は定義に行き着く

本質をひと言で言い切るのは、ものごとを定義することと同義です。究極の「要約力」は定義すること、と言ってもいいでしょう。

たとえば、『葉隠』にある「武士道と云ふは、死ぬ事と見付けたり」という有名な一文は、武士道の本質をギュッとシンプルにしてひと言で定義したものです。

あるいは、歌の語源は「うつたふ」という説がありますから、「歌とはうつたふことと見つけたり」と定義してもいいでしょう。

「うつたふ」で思い出しましたが、山口百恵さんの歌は人の心にまさに「うつたふ」ものだったと思います。中村メイコさんの夫で、作曲家の神津善行さんが言っていたのですが、山口百恵さんの歌は、楽譜通りではないそうです。

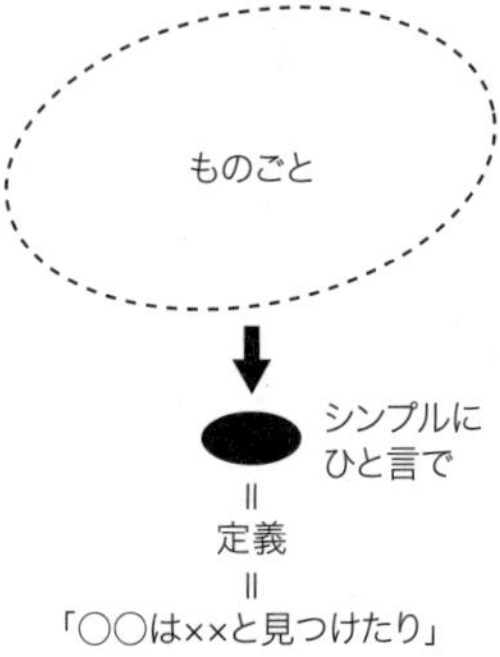

定義を見つける方法

楽譜に示された音階より半音下がっていたりする。でもそこがいいと、神津さんは指摘します。人の心を打つような本物の歌は、譜面通りではなく、歌手本人によってアレンジされているからこそ、人の心に訴えるものになるのかもしれません。「歌とはうつたふものである」という定義を見つけたら、歌を見る目が変わります。カラオケの点数で一〇〇点満点を取る人が、聴く人を感動させるのではありません。

「この人の歌は決してうまくないのに、なぜ心に刺さるんだろう」とか「この人の歌は上手なのに、なぜ心にしみてこないんだろう」と考えたとき、「歌とはうつたふものである」という定義を手に入れていれば、おのずと答えがわかります。歌の見方も変わります。

このように、それぞれに定義を見つけていくと、ものの見方が豊かになって、人生が楽しくなるでしょう。

「私たちは、究極の定義を見つけて生きるのだ！」

これを標語にしてもいいくらいです。

定義を見つけるには簡単な方法があります。「○○は××と見つけたり」という公式にあてはめていくのです。

たとえば「結婚とは○○と見つけたり」と考えてみると、いろいろな定義が見つかります。ある人は「結婚とは地獄の八丁目と見つけたり」と言うかもしれませんし、ある人は「結婚とはおおいなる勘違いと見つけたり」と言うかもしれません。

神話学者キャンベルの対話集のタイトルは、『ジョーゼフ・キャンベルが言うには、愛ある結婚は冒険である。』です。これも一つの定義です。

このように定義はひとつとは限りません。ものごとの本質をつかむには、何度も言っているように、「ギュッと縮めてシンプルに言ったら、どういう言葉になるだろう」と、つね日頃から考える習慣をつけるのが一番です。

それが最終的には「○○は××と見つけたり」という定義までたどりつけば、世の中はもっとクリアに立ち上がって見えてくるでしょう。究極の「要約力」である定義を手に入れることができたら、もうこわいものはありません。

## †フェルトセンスを言語化できれば悩みは解決する

一方で、矛盾するようではありますが、定義をするのは大変こわいことでもあります。「○○は××と見つけたり」と定義したとき、「本当にそうなのか」という疑問がわいてくる場合もあります。

というのは、定義はひとつとは限らないからです。本質をつかんでいる人が「○○は××である」と言い切ったとき、ご説ごもっともではあっても、何となく自分にはしっくりこないケースもあります。

今、何か状況を自分で定義してみたとしても、「あれ、そうじゃないかも」と感じる可能性もゼロではないということです。そういう心の感覚を心理学ではフェルトセンスと呼んでいます。これはアメリカの臨床心理学者のユージン・ジェンドリンが提唱した理論です。

自分の体の感覚と心の動きを照らし合わせるフォーカシングというセッションがありますが、その過程で、うまくいえないけれどモヤモヤした感覚が出てきた場合、その「感じられた感覚」をフェルトセンスと呼ぶわけです。

フェルトセンスは何となく感じていても、言葉にできない感覚です。それにハンドルをつけて形のあるもの、たとえば言葉として取り出せたら、気持ちが楽になります。

ジェンドリンの本の中の例ですが、夫が会社で昇進して、妻もうれしいはずなのに、モヤモヤした感覚があったとします。その感覚をつきつめていって、嫉妬だったとわかった場合、「ああ、自分は夫をうらやましいと思っていたんだ」と言語化できると、モヤモヤした気持ちが楽になります。

誰でもモヤモヤしているうちは、苦しい。それが高じるとノイローゼになってしまいます。でもそのときに「これは嫉妬心だ」「競争心だ」「劣等感だ」というふうに言語化して要約できれば、「わかった。そうだったのか」と気持ちが楽になるのです。

自分の感覚が何かとズレていてモヤモヤするときに、このフェルトセンスに名前をつけてみるといいでしょう。うまく名前がつくと、モヤモヤが消えて、すっきりします。モヤモヤしたフェルトセンスに名前をつけるのも要約です。

夏目漱石は若いころ、ロンドンに留学したのですが、向こうでノイローゼになってしまいました。誰とも会わず、ロンドンのアパートメントの一室で悶々としてすごし、まるで

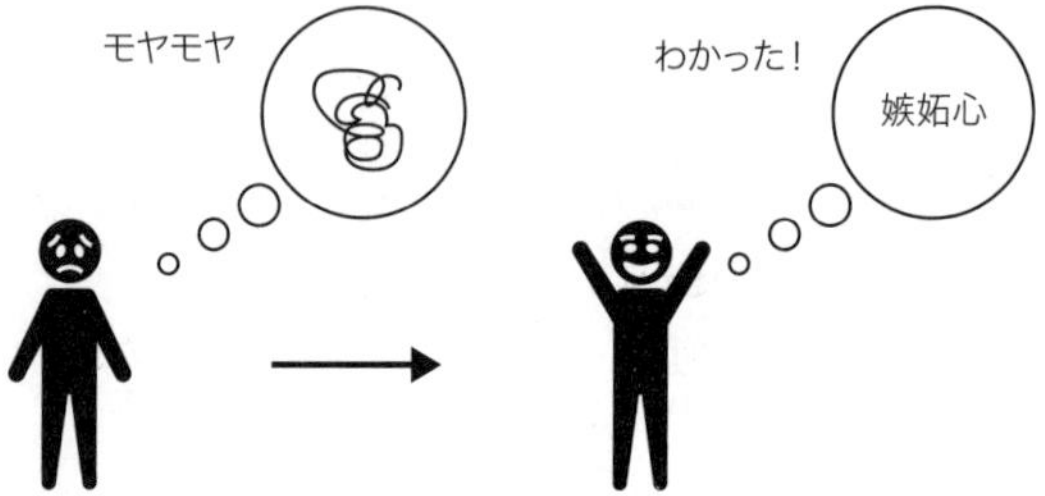


フェルトセンス

自分が袋の中に閉じ込められているような感覚に陥ったそうです。

悶々とする。それが夏目漱石のフェルトセンスでした。漱石は、自分が閉じ込められているこの袋を内側から突き破る一本のキリがほしい、と思いました。

そしてついに見つけ出したのが「自己本位（セルフィッシュ）」という四文字の言葉です。どうしようもなく悶々とする自分の精神状態。この状況を突き破るものは、「自己本位」という言葉だったのです。

「自己本位」とは、英国人の目を気にしないで、自分の思う通りに文学の研究をやっていい。それが今の自分の課題の根幹であり、これからの方向性である、という意味です。

コンプレックスを抱くことなく、自分を出発点にして「自己本位」でやっていいのだという確信が、この言葉にこめられています。

モヤモヤの正体は何か。それを解決する武器は何か。

自分の心の持ちようを要約してくれる言葉を手に入れたことで、漱石はノイローゼから立ち直ることができました。

漱石は、「この言葉で私はこんなに強くなりました」と『私の個人主義』という講演で語っています。四文字という短い言葉ですが、自分のフェルトセンスを手がかりに状況を要約して言語化することで、悩みを突破していく原動力になったのです。

なんだかわからないけれど、モヤモヤする。それが自分の足かせや悩みの原因となっているなら、そのモヤモヤを言語化するのが、要約するということです。要約しない限り、夏目漱石はずっとロンドンのアパートの一部屋で悶々としていなければなりませんでした。

漱石のように明確な「これだ！」という四文字は見つけられないかもしれませんが、少なくとも、フェルトセンスに名前をつけてみる。その試みを続けていく過程で、解決への糸口が見えてくるのです。

第三章

# 「要約力」がない人のための基本技

この章では「要約力」に自信がない人が、うまく要約するための基本的な技についてお話しします。

「要約力」は生まれつき自然にそなわってくるものではありません。それは小学生の話を聞いているときに感じます。

小学生が「えーと、えーと、あとね」と話すのは可愛いものです。小学生たちを教えていた時に、物語のあらすじを説明するのに、「あとね、それでね、あとね、それでね」と延々と話し続ける子がいました。

小学生なら「可愛いね」ですみますが、大人になって「あとはですね、あとは」などと続けていたら、要約力のなさを露呈してしまいます。「こんな人に仕事をまかせて大丈夫なんだろうか」と思われてしまうでしょう。

「要約力」はふだんから意識しないと、身につきません。大人になっても、何となく要領をえない話し方しかできないと、重要な仕事をまかせてもらえません。活躍できる幅が狭まってしまうわけです。

ではどうしたら「要約力」をつけることができるのでしょうか。

## 1　要約するには準備が必要。一分の「要約準備タイム」を設定しよう

まず重要なのは、要約のための時間を取ることです。人に何かを伝える場合、準備もなく、いきなり話し出すのは地図もコンパスも持たずに、海に漕ぎ出すのと同じです。どこに向かっていくのか、どう進めばいいのか、まったく方向が見えません。聞いているほうも、どこに連れて行かれるのか、さっぱりわからなくなってしまいます。

でも要約のための時間をちょっと取るだけで、状況は劇的に変わります。私は授業で学生たちに、その場で出した課題について発表をしてもらいます。いきなり指名されると、テキパキ、スラスラできない人も当然います。

でも、一分だけ準備の時間を与えると、みな見違えるように上手な発表ができるようになります。たった一分であっても、要約するための時間を取れば、整理のついた説明ができます。「要約準備タイム」が「要約力」向上のトレーニングタイムになっているのです。準備なしの要約をただやるより効果があります。

「ねこ」(藤田嗣治画)

ですから私はこの「要約準備タイム」を習慣化したらいいと思います。たとえば本を読むとき、「読んだ」というところで終わっている人がけっこう多いと思います。

でもこれからは本を読み終わったあと、一分でいいので、「要約準備タイム」をもうけてみるといいでしょう。あるいはドラマを見終わったあと、一分でいいので、内容をまとめてみる。たった一分ですが、その習慣の積み重ねが、何年後かには「要約力」のおそろしいほどの差になってあらわれるはずです。

私は「要約力」というと藤田嗣治の絵を思い出してしまいます。彼の絵はひじょうにシンプルな線で描かれています。

ひとつの線に命をかけるというか、もうこの線しかないという線を引いていきます。だから、際限なくシンプルですが、造形美が伝わってきます。その一本の線を描くために、藤田嗣治はひたすらデッサンで線を描く訓練を続けたといいます。

絵画の場合は「要約力」とは言いませんが、凝縮された一本の線の背後には、気が遠くなるほどのデッサンや訓練の積み重ねがあります。

「要約力」を身につけたいなら、藤田嗣治のデッサンのように、つね日頃から「要約タイム」をもうけて、デッサンをくり返すように要約する準備を重ねることが大切です。

## 2　頭の中でまとめる。冒頭に共通項を話せば賢く見える

あたりまえのようですが、人に話すときは、一度頭の中でまとめてから言うのが社会の常識です。でも世間では意外とこれが守られていません。話す機会が与えられると、口からでまかせのようにベラベラと話し出してしまう人がいるのです。

もちろん、「要約力」のある人なら、話しながら着地点を見つけ出し、上手に話を導い

ていくのは可能でしょう。でもふつうの人、ましてやこれから「要約力」を身につけようという人にとっては、いきなり話し出すほど無謀なことはありません。

要約する前には「要約準備タイム」が必要という話をしましたが、そのさいには頭の中で一度話す内容を整理するのを心がけてください。

少なくとも、話すテーマ、キーワード、オチくらいはささっと頭の中で反芻できるくらいにしておくのが理想です。もし余裕がないときでも、結論（オチ）だけは決めておきましょう。これに向けて話すのだというゴールが決まっていれば、話が迷子にならなくてすみます。

もし会議など自分の発言までにある程度の「要約準備タイム」がとれるときは、頭の中、あるいは実際にメモを取りながら、「これとこれは絶対に話さなければいけない」「これは要約しておこう」というものをいくつかピックアップしておきます。

それだけでも十分ですが、少し上級者に見られたいときは、みんなが共有できる土俵を、冒頭で手短に要約すると、「おお～」と思われるのは間違いありません。

たとえば「今、現状はこれこれこんなふうになっていて、課題はこうです」とか「今までお話しされていた内容はこれこれだと思いますが」というような共通認識を手短に冒頭でふれるのです。

ケースにもよりますが、時間にして五秒から一〇秒くらいで十分でしょう。それ以上長くやると、「そんなこと知っているのに、なぜまたわざわざくり返すんだ」とうっとうしく思われてしまうので、注意してください。

みなの共通認識を上手に話すのに効果があるのが、コメンテーターになったつもりの練習です。

私はときどきテレビに出演すると、コメントを求められることがあります。事態が複雑なものに対してコメントを言うさいは、「これこれは今、こういうことになっていますね」というまとめを五〜一〇秒ほどで述べ、そのあと自分の意見を簡単に言って、全部で二〇秒ほどにおさめることをやっています。

それをやると、ただ意見を言うだけより、共感を得やすくなります。

みなさんも、自分が今テレビに出ているコメンテーターなら、どう言うだろうと考えながら、テレビを見てみてください。ニュースを漫然と聞き流すのではなく、このニュースを一〇秒にまとめると、どうなるだろうと考えるのです。

ニュースを見るたびに、それをやっていると、簡単な内容なら五〜一〇秒でまとめられるようになります。それを会議や打ち合わせで応用して、意見を言う前に「今まで出た意見はこうで、課題はこうだと思うのですが」と切り出すと、現場をうまく整理しているようで、みんなの評価が上がります。

### 3　最初のところを長くしすぎない

「要約力」がない人がおちいりがちなのが、最初のところの説明がやけに詳しく長くなってしまうことです。

なかなか本題に入らないので、聞いているほうはうんざりします。何だか要点もぼけてきて、「この人は頭が悪いなあ」と思われてしまいます。

たとえば『浦島太郎』の話を要約するときに、「昔々浦島太郎という漁師が、おかあさんと二人で暮らしていました。太郎が釣りに行こうとすると浜辺に子どもたちがいて、子どもたちは道具を使って亀をいじめていました。亀は大きな亀でした。その亀はとても苦しんでいて、浦島太郎がかわいそうに思って、子どもたちに亀いじめをやめるように言って」などと出だしのところを細かく説明していると、それだけで時間がかかってしまい、話が進みません。

こういう要約は、本を読んだときに、最初のほうだけ熱心に読んで、後に進むにしたがってだんだん面倒になって、途中で放り出してしまう人の典型的なものです。

人は放っておくと、最初のほうにエネルギーを割いてしまいがちです。入学試験でも、初めのほうの問題に時間を使ってしまい、点数配分が高い終盤の問題にほとんど手をつけずに終わってしまったという失敗談をよく聞きます。

本来なら、全体を俯瞰して、一問あたりどれくらいの時間しかかけられないから、ここは少しスピーディにやっておこうというように、まんべんなく問題をこなせるような計画性が必要です。

要約も同じです。全体を見わたして、重要なのはこの部分で、ここは枝葉末節であるということがわかれば、エネルギーを分散させて、必要なところを厚めにするめりはりのある要約ができます。さきほどの『浦島太郎』であれば、話のクライマックスは後半にありますから、出だしのところはテンポよく進める必要があります。

とても上手に要約ができているのは、『浦島太郎』の童謡です。

「むかし、むかし、浦島は、助けた亀に、つれられて、竜宮城に、来てみれば、絵にもかけない、美しさ」。

浜辺で亀が子どもにいじめられていたという導入のところはキュッと短く圧縮されています。これが「要約力」の基本です。この童謡の詞を考えた方はひじょうに「要約力」のある人だったと思います。

「要約力」に自信がない人は、少なくとも、最初の部分の説明は長々としない。それを心がけるだけでも、ずいぶんわかりやすい要約になります。

### 4　スタートとゴールを決め、置き石を置く

まずは、最初の部分の説明をモタモタ長くしないこと。次に大切なのは、重要な部分を

落とさずに、コンパクトに全体を要約することです。

大学では、学生に読んできた本の要約を発表してもらう授業があるのですが、そのさい、私は「川」をイメージするように話しています。

まず目の前に川があって、こちらの岸から向こう岸に渡ると考えます。「川」をイメージしたのは、私が小学校時代、川の近くですごしたことがあるからです。川に置き石を置いて、トントンと飛びながら向こう岸に渡る遊びを友だちとよくしたものです。

それを要約にもあてはめてみます。スタートは「浦島太郎という人物が浜辺にいて、子どもたちが亀をいじめている」という状況です。

向こう岸のゴールは何かというと「玉手箱を開けて、浦島太郎が一気に老人になり、髪の毛が真っ白になる」という状態です。

その間に置き石を置いて、トントンとつなげれば、それが要約になります。そのイメージを川を連想しながら、思い浮かべてください。紙に書いていただいてもけっこうです。

スタートとゴールを決め、その間に石を置く。話すときはスタートから始めて、順番に置き石を飛んでいけば、最後はゴールに着地します。これが要約の王道です。「要約力」のない人は、この王道からマスターしてください。

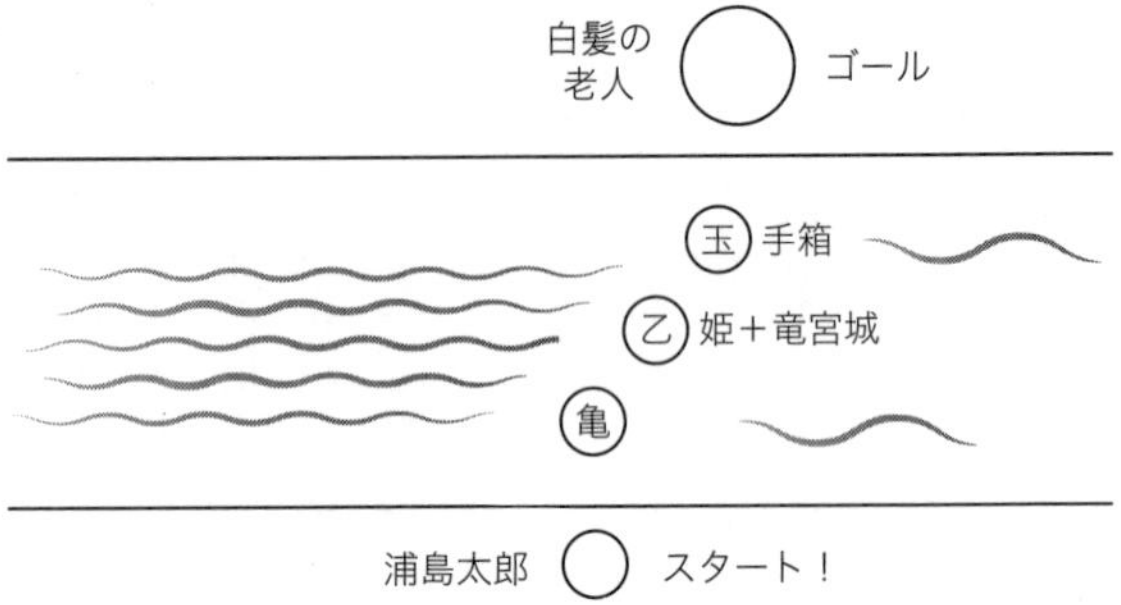


## 置き石を3つ置く

では石は何個置けばいいでしょうか？

まずスタート地点には浦島太郎がいる。これはいいですね。そして浜辺でいじめられている亀を助ける。亀ははずせない要素です。これがひとつ目の石になります。どのように亀をいじめていたかとか、子どもが何人いたかとか、そんなことは省きます。

その亀がお礼に浦島太郎を竜宮城につれていきます。そこには乙姫さまがいて、いろいろ歓待してくれます。このあたりが二個めの置き石でしょうか。

浦島太郎は時間を忘れて楽しんでいましたが、いよいよ帰ることになり、玉手箱をお土産として渡されます。

元いた浜辺に帰ってみると、景色が違っています。「あれ、ここはどこだろう」と浦島太郎はあわてます。そして開けてはいけないと言われていた玉手箱を開けると、煙が出て、浦島太郎は白髪の老人になっていたのです。これが三つ目の置き石です。

この中ではずせない要素を考えてみます。要約をコンパクトにするには、置き石は三つがおすすめです。人間は三つまではちゃんと覚えていられます。でも三つ以上になると、集中力がそがれ、五つ以上になると、もはや覚えようという気が起きなくなります。

そこで重要なポイントを三つにしぼると、やはりひとつ目の石である「亀」、そして「竜宮城」「玉手箱」ははずしたくない気がします。「乙姫さま」も重要な感じがするので、「竜宮城」と「乙姫さま」をセットにして二つ目の石とし、「玉手箱」が三つ目の最後の石です。

すると、「亀」「竜宮城＋乙姫さま」「玉手箱」が、向こう岸のゴールに到達するための三つの置き石になります。誰がやっても、この三つが入っていれば、要約は成立します。

でも三つのうちのひとつでも落としてしまうと、ポチャリと川に落ちてしまいます。要約が苦手な人は、川を描いて、スタートとゴールを決め、三つの置き石が何か考えるようにすると、スムーズにまとめられるでしょう。

## 5　背骨をみつけて肉付けする

三つの置き石がなかなか決まらないというときは、物語の中心となる背骨を見つけて、その骨格に手足やその他をつけていくというまとめ方もあります。『桃太郎』を例にとってみましょう。『桃太郎』の話はこうです。

あるときおじいさんは山に芝刈りに、おばあさんは川に洗濯に行きます。おばあさんが洗濯していると大きな桃が流れてきます。ここが盛り上がるところなので、さきほどの「川」に置き石を置く要約法にあてはめてみると、スタートは「桃発見」というところにしてもいいでしょう。

桃を割ってみると、男の子が出てきたので、「桃太郎」と名付けます。桃太郎は成長すると鬼退治に出かけます。

きびだんごを与えて犬、猿、きじの三匹の家来を得ると、鬼が島に行って見事鬼を退治し、宝物を持って帰ってきます。

ゴールは桃太郎が宝物を持って帰ってきたところでしょう。

するとスタートは「桃発見」、ゴールは「宝物を持って帰ってくる」。置き石は「桃から生まれた男の子」「犬、猿、きじを従者に」「鬼退治」となるでしょうか。

この要約をさらに短くすると、「桃から生まれた桃太郎という少年が鬼退治をする」話です。背骨の部分はここになります。この背骨はぜったいはずせません。逆にいうと、この背骨さえおさえておけば、ほかはなくてもギリギリ要約は成立するのです。

もし余裕があれば、「犬、猿、きじ」や「きびだんご」などで肉付けしていくという順番になります。

私たちは脊椎動物ですので、背骨がなければ生きていけません。この話の背骨は何かと考えたときに、絶対にはずせないものを見つけていけば、少なくとも最低限の要約は可能になります。

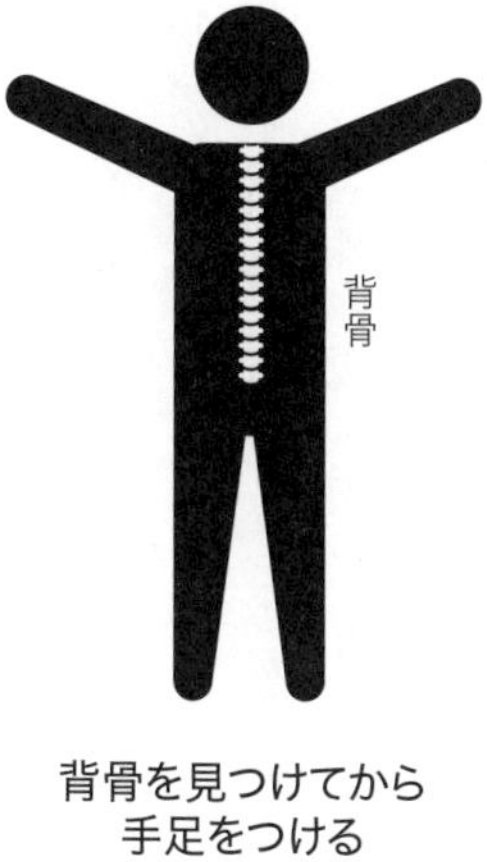

ここで「要約力」に自信がない方のために、簡単な背骨の見つけ方をお教えしましょう。物語の一番のクライマックスはどこか。そこだけは絶対に落としたくないクライマックスを探せば、多くの場合はそこが背骨になります。要約するさいはその背骨を死守してください。『蜘蛛の糸』を例にとります。

**地獄に落ちたカンダタという悪人は、生前一匹の蜘蛛を助けたことがありました。そのことをご存じだったお釈迦さまは、極楽から一本の蜘蛛の糸をたらします。カンダタがその糸を登っていると、後から後から、地獄に落ちた悪人たちがよじ登ってきます。カンダタは「降りろ、降りろ」と叫びますが、そのとたん、糸は切れて再び地獄に落ちてしまうという話です。**

この物語のクライマックスは蜘蛛の糸が切れて、カンダタがまた地獄に落ちるところです。ここが物語の背骨ですから、絶対にはずしてはいけません。

あとはこの背骨に肉付けしていけばいいのです。極楽のお釈迦さまと地獄のカンダタの対比。お釈迦さまがたらした蜘蛛の糸をカンダタが登る。そしてあとから続く者を見たカンダタの一言で蜘蛛の糸が切れる。この三つを背骨にプラスしていけば、過不足のない要約ができあがります。

最悪、背骨だけを話しても要約になります。困ったら、とりあえずクライマックスのところだけ話しておく、これも「要約力」初心者にはおすすめのテクニックです。

あらすじは筋を説明するものですが、テーマを軸にした要約もあります。

この話のテーマは、カンダタの「自己中心性」です。自己中心性が直らないから、糸が切れて地獄へ戻る。これがテーマ的な要約のポイントになります。

## 6　置き石の代わりにキーワードを置いてもいい

要約をするとき、参考になるのが小見出しやタイトルです。雑誌や新聞を見ると、記事の冒頭にタイトルがあって、文中には小見出しがあります。ここに注目すると、本文中に書かれているキーワードが使われていることがよくあります。

キーワードは書かれている内容の要約を知る上で、欠かせないヒントになるので、見逃さないようにしましょう。

私は読みながら、キーワードと思われる箇所をボールペンでぐるぐる巻きにして強調しています。あとで印をつけたところを拾っていくと、おおざっぱな要約がつかめます。

「川」をイメージしてスタートとゴールを決め、三つの置き石を置いてつなげるのは要約の王道ですが、この置き石にキーワードを置いていく方法もあります。

先日『日経サイエンス』(二〇二二年六月号)という雑誌を読んでいましたら、まさに要約の見本があったので、取り上げてみます。この雑誌はさまざまな論文を集めたものですが、最初のほうにサマリーとして本文のダイジェストがのっています。

その中に「生涯つづく健康格差」という特集があって、「日本の調査が明かす経済格差と子どもの健康」というタイトルの論文が掲載されていました。

タイトルを見ると「経済格差」「子ども」「健康」がキーワードだとわかります。たったこれだけの文章ですが、記事を読まなくても要約が想像できます。

すなわち、健康に格差があって、それは経済格差である。家庭の貧困が子どもの健康に悪影響を及ぼすという主旨でしょうか。

さらにタイトルに続いて簡単なサマリーが紹介されていたので読んでみますと、この記事では、お母さんが貧しいとお腹の赤ちゃんに影響が出て、そのダメージが子どもが成長したあとも一生続く、と書かれていました。

「子ども」「健康」「経済格差」「一生」というキーワードが置き石として置かれている。それをつなげることで、要約が一瞬でわかります。

このようにキーワードは要約したり、内容を把握する上で欠かせない要素になるので、意識して印をつけ、見逃さないようにしましょう。

生涯続く健康格差

喫煙、ストレスの高さ、食事の偏り——これらは貧しい女性に多く見られることがわかっており、いずれもお腹の赤ちゃんに悪影響を及ぼす。さらに悪いことに、そのダメージはその子が成長した後も生涯にわたって続くようだ。日本の調査からも、経済格差による貧しさは子どもの健康を損なうことがわかっている。早期の社会的支援が必要だ。

## 7　キーワードの中のパワーワードをさりげなく入れ込む

最近見た新聞の見出しで面白いと思ったのは、『読売新聞』の記事（二〇二一年四月二六日付）でした。料理研究家の平野レミさんの思い出の味について書いている記事ですが、タイトルが「「ベロ」でつながる家族」となっています。

この「ベロ」というのがキーワードです。ふつうなら「舌でつながる」とか「味でつながる」としてしまうところが、「ベロ」となっています。これは平野さん自身が「ベロ」という言い方をされていたからでしょう。

さらに面白いのは、平野さんが「スキンシップならぬ、ベロシップで私たちは100年つながっているんです」と答えている箇所です。「スキンシップ」ならぬ「ベロシップ」とは強烈なパワーワードです。

キーワードの中でもとくに力強いパワーワードを使うと、要約は強い印象になります。もちろん無難に「料理でつながっている家族です」という言い方をしても、要約としては間違いではないのですが、せっかくパンチのあるキーワードを見つけたのなら、それを使

■ 平野レミさんの

思い出の味

# 「ベロ」でつながる家族

## 明治の祖父から続く わが家の「牛トマ」

「牛トマはご飯にもパスタにもパンにも合う」＝宮永健太郎撮影

幼い頃に住んでいた家の庭には畑があり、夏になるとトマトがたくさんなった。うま味が詰まった完熟トマトを使い、母がよく作ってくれたのが、牛肉と一緒にいため、塩、コショウで味付けした「牛トマ」だった。

仏文学者だった父・平野威馬雄さんの大好物で、明治時代に日本にやってきた米国人の祖父が食べていた料理だと聞いた。祖父は日本美術愛好家として知られた人物だが、戦前に亡くなっており写真でしか知らない。でも、「牛トマ」が好きだったことは分かる。「私も大好きですから。祖父から父へ、そして私へと、ベロ（舌）でつながってきた『家族の味』なんです」

20代前半にシャンソン歌手としてデビューし、ラジオ番組で活躍していた時、イラストレーターの和田誠さんと出会ってスピード結婚した。式はせず、近所のスーパーで買ったステーキ肉を焼いて、結婚行進曲のレコードをかけて2人で食べた。その時の「死ぬまでにあと何千回、レミの料理が食べられるかな」という夫の言葉に奮起。家族や来客に喜んでもらおうと腕を振るううちに、手軽でユニークな料理が注目され、雑誌などに掲載されるようになった。

その頃、NHKの料理番組「きょうの料理」に出演し、「牛トマ」を披露した。いつものやり方でトマトを手でぐしゃぐしゃとつぶしたら、「下品だ」「ユニークでおもしろい」と賛否両論が渦巻いたが、次々と料理の仕事が舞い込むようになった。「当時は上品で丁寧な料理の先生ばかりでしたから、イチ、ニ、サン、ホイッと作っちゃう私のやり方がよかったのかも。まるで社会に待ち望まれ、後押しされているように感じました」

仕事に追われる中でも、家庭の味にはこだわってきた。電子レンジで加熱したジャガイモといためたタマネギとひき肉を皿に盛り、煎ったパン粉をふりかけた「ごっくんコロッケ」は、コロッケを作る時間のない時に「口の中でコロッケになるでしょ」と考えた料理だ。その後ろ姿を見てきた2人の息子たちも、料理好きに育った。

息子たちの家庭を訪ね、牛トマが出てくると、いつ覚えたのか、まるで同じ味なのに驚く。孫たちもみんな牛トマが大好きだ。「スキンシップならぬ、ベロシップで私たちは100年つながっているんです。いつか私がいなくなっても、孫や孫の子どもたちが『レミばあちゃんが作っていたんだよ』って作り続けていってくれたらうれしいですね」

（宮木優美）

ひらの・れみ　料理愛好家、シャンソン歌手。東京都生まれ。オリジナルの調理用具などの開発も手がける。近著に、家族と料理の逸話をつづった「家族の味」（ポプラ社）、「野菜の恩返し」（主婦の友社）。

わない手はありません。

要約する注意点として、一般的な要約になると、面白みがなくなってしまうことがあげられます。でもパワーワードがひとつでもあると、個性が出ます。

また、最近見た要約で、素晴らしいと思ったのは、アマゾンに紹介されていた映画『アナと雪の女王』に関する要約でした。そこには「〝禁断の力〟

を制御できずに王国を冬にしてしまう」という一文が書かれていました。

まさに『アナと雪の女王』(クリス・バック&ジェニファー・リー監督・二〇一四年公開・アメリカ)は〝禁断の力〟が物語のキーワードになっています。その力で王国を冬にしてしまうのは、ほかの映画にはない「アナ雪」ならではの独自性です。

そのキーワードに〝 〟というマークをつけて強調してあったので、ひじょうにわかりやすい要約になっていました。通り一ぺんの要約ではない、一歩踏み込んだ要約です。

このように、要約にエッジの効いたキーワードをパワーワードとしてひとつ入れ込むと、ひと味違った要約になります。あるいは、ここぞというワードに〝 〟をつけて目立たせるのです。「要約力」初心者であっても、印象に残る要約ができます。

## 8　ゴシック体で会話してみる

「要約力」をきたえるには、ふだんの話し言葉から意識しておくと、上達が早くなります。話すときに、「ここがキーワードです」「ここがポイントです」ということを自分で意識して話すのです。

活字で言うと、大切な部分を太字のゴシック体にする。それを会話で行うイメージです。ゴシック体のところは、自然に声が大きくなったり、身ぶり手振りが入ったりして、会話にメリハリがつきます。

私自身は子どものころから活字文化にどっぷりはまった生活を送ってきたので、話しているときに自然に活字が浮かんできます。そしてどの部分を「ゴシック体で話す」のかも、自然にイメージできます。

**禁断の力**を制御できずに**王国を冬に**してしまうのです。

## 会話をゴシック体にする

　これは活字文化になれ親しんだ人の大変強力な武器だと思っています。ふつうの人は音声で話すと思うのですが、活字文化に親しんだ人は活字で話すことができるのです。

　ですから自分に「要約力」が欠けていると自覚がある人は、なるべく活字に親しむように心がけるといいでしょう。新聞でも書籍でも雑誌でも、活字にはよくゴシック体のところがあるので、内容のメリハリがわかります。

話すときは、ゴシック体のワードを思い出しながら、「今の言葉はゴシックで」「今の文章は小見出しにする」「この言葉はかぎかっこにして」などと連想してみましょう。

ゴシック体をイメージしながら会話できるようになれば、強調すべきところとそうではないところのメリハリがつくので、自分が要約するときもスムーズにできます。

## 9　グラフに注目すると究極の要約になる

文部科学省が発表している新しい学力の中に、「読解力」が重要な学力としてあげられています。その中でもグラフや表から意味を読み取る力が必要、と指摘されています。

表やグラフに言葉は少ないのですが、そこから意味をくみ取らなければいけないので、かなりの「要約力」が必要、といえるでしょう。

「要約力」に欠けている人はグラフや表を見ても、その意味を読み取れないことが往々にしてあります。

たしかに表を見ても、ずらっと数字が並んでいて、慣れていないとどこに注目していいのかわからなくなります。「県別のここの部分です」とか「y軸のこの部分の変化に注目

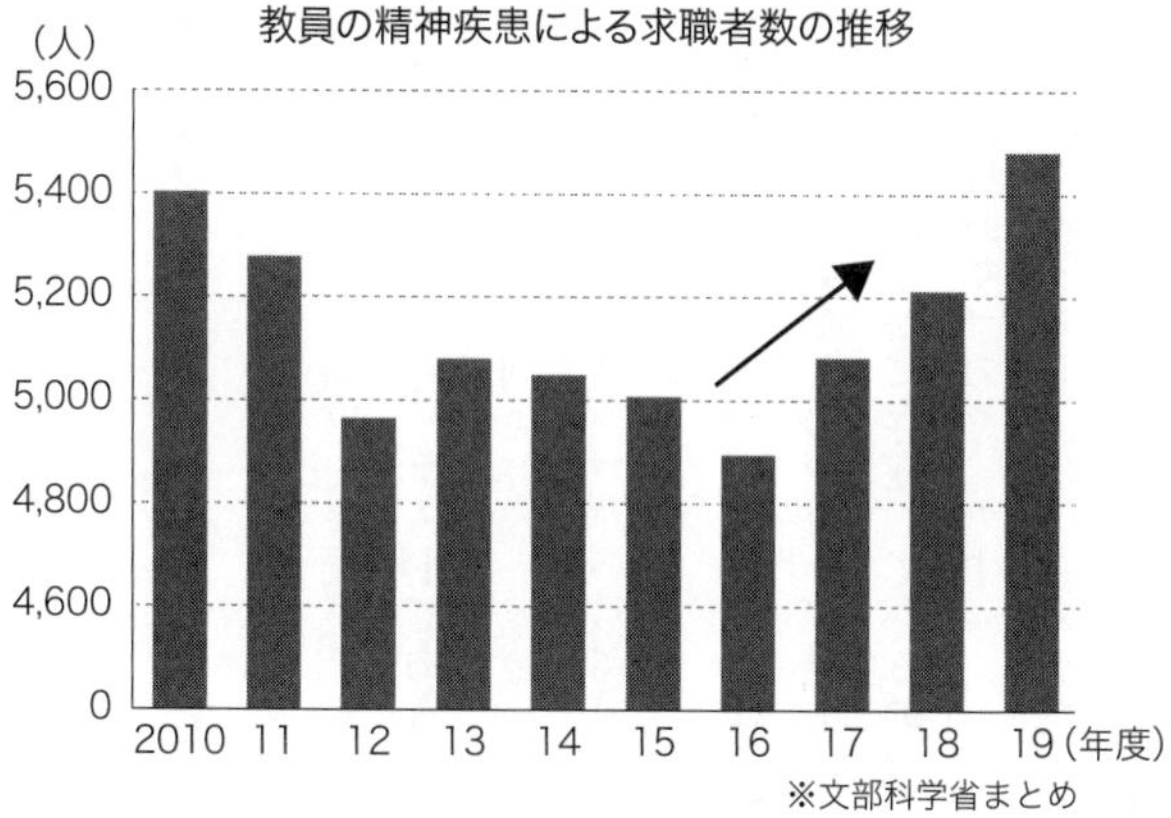

グラフに矢印を書き込む

してください」などと具体的に指し示さないと、並んでいる数字を見ただけでは頭に入らない人も多いのです。

私はときどき客観的な数字のデータに基づいて発表する機会がありますが、そういうときは、重要な数字が浮き上がるように、矢印などで動きを示したり、色をつけたりなどの工夫をしています。

また、自分自身が表などを理解しなくてはいけない場合は、グラフや表にどんどん書き込みを入れています。グラフの変化のポイントにチェックを入れたり、矢印で印を入れたり、出来事を補足したりして、自分なりの書き込みがあるグラフにしておくと、あとで見たとき、グラフが要約そのものになっています。

## 10　イラストはそれだけで要約になる

グラフや表は抽象的な表現ですので、要約するには言葉や記号を足すなど、多少の補足が必要です。一方イラストであらわす場合は絵だけで要約することが可能です。

私がわかりやすいと思ったのは、『哲学用語図鑑』（田中正人著・斎藤哲也編／プレジデント社）です。この本は難しい哲学の内容をイラストで要約してあります。これがひじょうにわかりやすいのです。

有名なデカルトの「我思う、ゆえに我あり」の説明を見てみましょう。デカルトは「この世の中にあるものや自分が見ているものは、すべて夢かもしれない」と思います。しかし唯一、たしかに存在しているのは「そう思っている自分の意識」です。これが「我思う、ゆえに我あり」の意味です。

それをイラスト化したものが次頁のイラストです。言葉だけだと伝わりにくい哲学的な概念も、こうしてイラストにすると楽に理解できます。

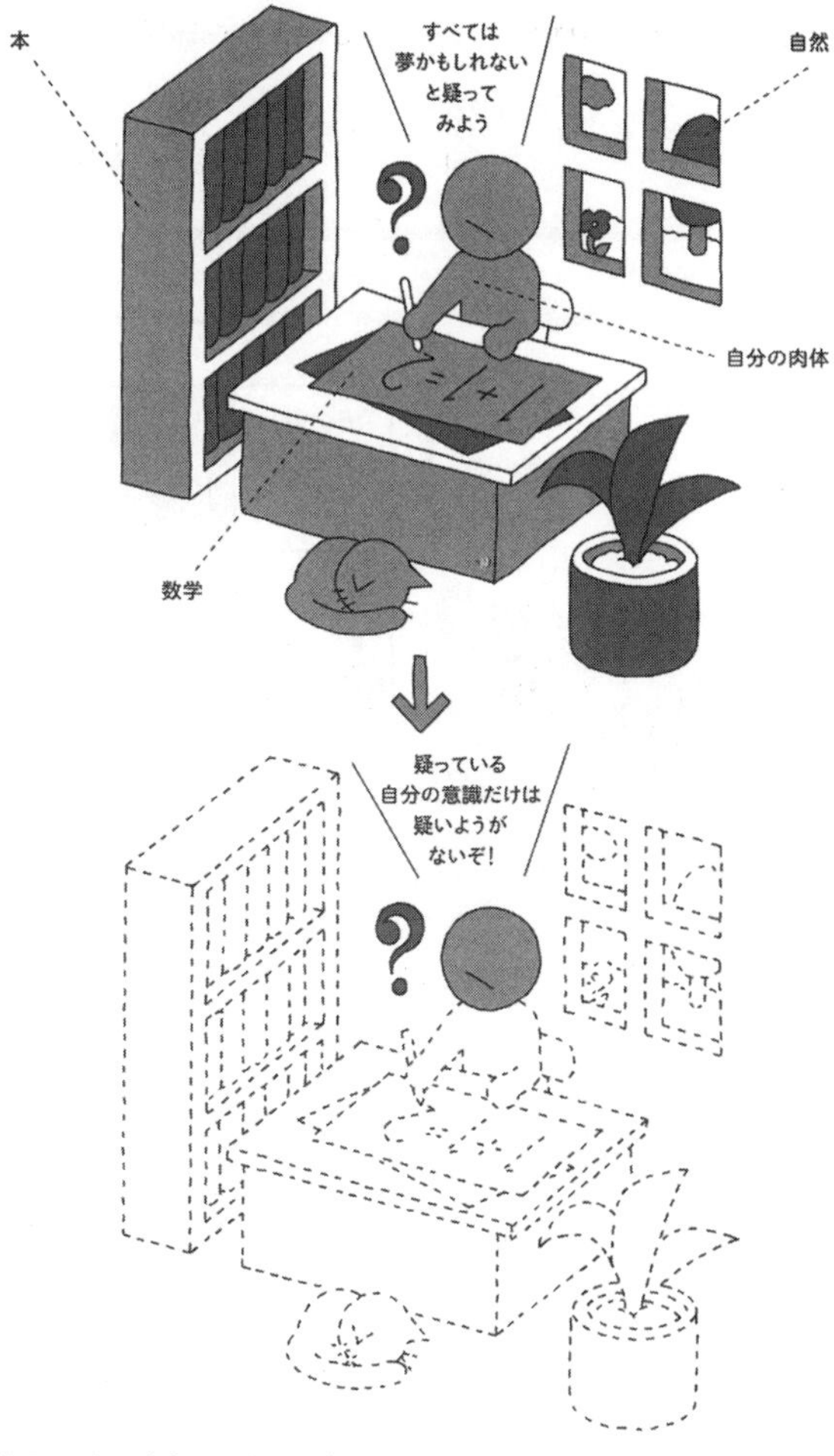


『哲学用語図鑑』（プレジデント社）より

生産性の公式

$$生産性 = \frac{アウトプット}{インプット} = \frac{成果}{投下した労力・時間}$$

犬の道

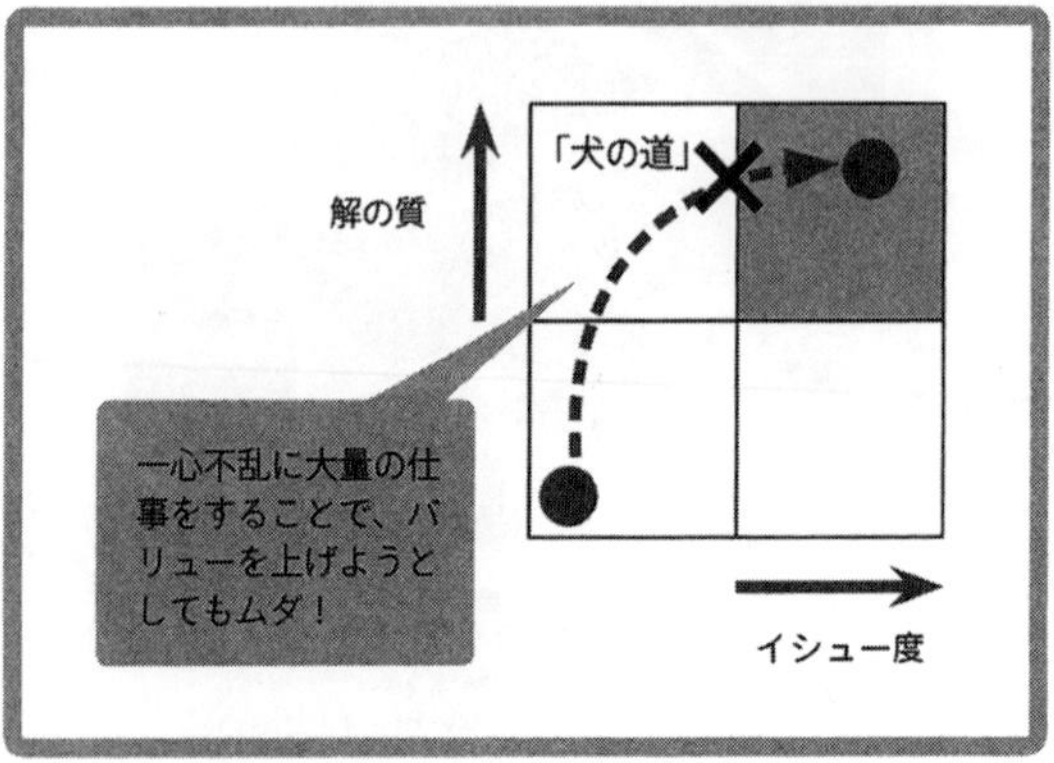


『イシューからはじめよ』（英治出版）より

要約の機能はわかりやすく手短に伝えるということですので、このようにイラストで説明するのはひじょうに効果的です。学校の先生も板書するときは、図や絵を描いて説明します。このやり方はビジネス書ではよく使われています。

安宅和人さんの『イシューからはじめよ』（英治出版）は要約を図式化したものがたくさん使われていてわかりやすく、評判になりました。

たとえば生産性の公式。公式は最高にシンプルな要約です。

それに加えて、図。上のように図化してあるとひじょうにわかりやすくなります。

図には、「犬の道」というパワーワード。「踏み込んではならない「犬の道」」は、一心不乱に大量の仕事をしてバリューのある領域に到達することだそうです。「犬の道」とは、安宅さん独自の言い方で、生産性が低く、労多くしてむだが多い仕事のやり方です。

言葉で説明されてもピンと来ない人でも、このように図化してあると、理解しやすいですね。図化されたものがそのまま概念の要約になっているからです。

手描きやパソコンを使ってイラストが描ける方は、図や絵と文章をセットにすると、相手に伝えやすいし、自分の理解も進みます。この方法も「要約力」に自信がない方にはおすすめです。

## 11　困ったときの裏技を覚えておこう

「要約して」といきなり言われても、どうしたらいいかわからない。頭がまっ白になってしまった、という経験がある方もいるかもしれません。突然、指名されたり、短期間でまとめたりしないといけない場合、「要約力」に自信がない方はパニックになってしまいます。

　そういうとき、緊急避難的にその場を切り抜ける裏技をお教えしておきましょう。

## 裏技1　結論から先に言ってしまう

　会議や授業で指名された時に何も言わないのが一番頼りなく見えてしまいますから、何かひと言、言いましょう。書いて提出する場合も同様です。何か書いて締め切りまでに提出するのが社会人としての最低限のあり方です。

　何をすればいいのかというと、結論だけ先に言ってしまうのです。苦し紛れに長々と現状の説明や今までの経過を報告するのは、五八ページでも説明したように、相手をうんざりさせるだけ。「要約力」初心者がおちいりがちな落とし穴です。

「要約して」と言われているのですから、長々と中身のないことを話すより、重要なひと言を短く述べたほうがポイントは高いでしょう。

「スタート→置き石→ゴール」が要約の王道ですが、それができないときは、いきなりゴールから始めてしまう。そして、「結論」→「根拠」「理由」とおさえられれば、最低限の要約にはなっています。

# テレワーク定着 失速

## 出勤者7割減遠く

新型コロナウイルスの感染急増が続く東京、大阪、京都、兵庫の4都府県に25日から緊急事態宣言が発令された。菅義偉首相は23日の記者会見で、出勤者の7割減に向け「テレワークの活用」を要請。しかし、テレワーク実施率は低迷している。厚生労働省は3月にテレワークの運用に関するガイドラインを改定して環境の整備に乗り出したものの、課題は山積している。

日本生産性本部は昨年5月から、労働者を対象にテレワークの実施率を調査している。1回目の緊急事態宣言が出ていた5月でも31・5%で、7月には20・2%に低下。その後は2割前後で推移しており、2回目の緊急事態宣言が出た直後の今年1月でも、実施率は22%と変化がなかった。4月の調査では19・2%だった。同本部の担当者は「1回目の宣言が解除されて以降、実施率の水準は感染状況と関係がない」と話す。

東京商工リサーチの企業調査によると、昨年4月の緊急事態宣言前の調査で約25%だった実施割合は、4月下旬から5月上旬では約56%になった。しかし、宣言が解除されて以降は、2割超が「1度は実施したが取りやめた」と回答し、7月の調査以降は「実施している」と回答した企業は3割台で推移している。

低迷の背景には、コミュニケーションや労務管理などに労使双方で課題が顕在化したことがあるとみられる。厚労省の検討会で報告された民間シンクタンクの実態調査では、「従業員同士でコミュニケーションが取りづらい」「テレワークできない従業員との間で不公平感がある」などの課題が挙げられている。

ガイドラインは、労使双方の疑問点に答える形で全面改定された。厚労省は「良質なテレワークを定着させるためのガイドライン」として導入拡大につなげたい考えだ。「本来は国が示すようなものではない」（厚労省幹部）という人事評価についても言及し、休日や時間外にメールなどに対応しなかったことで低く評価したり、オフィスで勤務することを理由に高評価したりすることを不適切と明示した。また、オフィスに出勤した従業員に業務が偏ることがないように注意を促す。新入社員や人事異動した直後の社員には「コミュニケーションの円滑化に特段の配慮をすることが望ましい」とした。

労働時間管理についてはパソコンの使用時間など客観的な記録での把握を原則としながら、労働者の自己申告も認める記述になっている。中抜け時間は「使用者は把握しても、しなくてもよい」とした。

### 会社側 部下の管理が曖昧に
### 社員側 労働時間評価に不安

テレワーク専門のコンサルティング会社「テレワークマネジメント」の田澤由利社長は「自己申告された労働時間が実際の労働時間と異なることを使用者が認識しないことで、使用者側の責任逃れになる危険性がある」と長時間労働が抑制できない恐れを指摘する。また、「管理が曖昧になることで、管理職が『部下はきちんと働いているのか』という不安感を高めることにつながる」という。

「今日はどれくらい働いたのだろう」。大手IT企業に勤務していた東京都江東区の40代女性は在宅での勤務を終える時、いつももやもやした気持ちを抱えていた。小学校高学年の長女と未就学の次女、三女がいて、仕事を離れることがある。けれど、そのような時間を労働時間にどうやって反映させるのかというしっかりしたルールはなく、職場には1時間弱の「中抜け」でも半日休を取得する必要があった。

女性は「実際の労働時間を把握せずに人事評価をする上司に不安を感じた」と明かす。成果を出すために在宅勤務が深夜まで及んだ子育て中の同僚もいたという。民間シンクタンクの実態調査では、回答した4割近くが「上司にサボっていると思われているのではないか」と不安を抱えているという結果も出ている。女性は「時間あたりの成果を評価してほしい。そのためには、時間もきちんと管理できる仕組みが望ましいのではないか」と話す。

日本労働弁護団事務局次長の竹村和也弁護士は、ガイドラインが一定の条件を満たせば「事業場外みなし労働時間制」の適用を認めている点を問題視する。労働時間の算定が難しい場合、一定の時間を働いたとみなすことが認められる制度だ。「情報通信機器やパソコンを通して労働時間の把握はでき、安易に適用すべきではない。テレワークはサービス残業が生まれやすい環境なので企業側は長時間労働の抑制に努めるべきだ」と訴えた。



テレワークのため人のまばらな企業のオフィス＝東京都港区で2020年11月4日、撮影

一例として『毎日新聞』の記事をあげてみましょう（二〇二一年四月二六日付）。

「テレワーク定着　失速」と大きな見出しがあります。これが結論です。

最初のタイトルでいきなり結論を言ってしまっています。そして次の見出しを見ると、「出勤者7割減遠く」とあって、定着しないデータがここに示されています。続く見出しを見ると、「会社側／部下の管理が曖

味に」「社員側／労働時間評価に不安」と書かれていて、定着しない理由が示されています。

これだけで要約としては十分です。この方式は汎用性があります。もし要約で困ったら、結論は何か探してみて、先に結論を言ってしまう。次に結論の根拠となるデータや理由を付け足せば、要約の体裁は整います。

困ったら、とりあえず結論を先に言う。覚えておくと便利です。

## 裏技2　箇条書きにする

要約が苦手という方の中には、文章を考えるのに時間がかかるという人がいます。そういうときは要点を箇条書きにしましょう。箇条書きだけでも、何もないよりはずっとましです。

そもそも箇条書きで要点が抜き出せた時点で、かなり要約はできているということです。自信を持ってかまいません。実際、世の中では箇条書きで要点を列挙しているケースがたくさんあります。

たとえば企業の経営理念や経営方針は、企業の本質をギュッとここに集約した要約の究極です。その理念はたいてい箇条書きで示されています。

一例として日清製粉のステークホルダーに対する基本姿勢をあらわした文章をあげてみましょう。

・顧客：生活者、事業者のニーズ・ウォンツを的確に把握して、信頼をベースに安心・安全かつ高品質の製品やサービスを提供
・株主：安定的かつ適正な配当、適時・適切・継続的に情報開示を図る
・従業員：社員一人ひとりが仕事を通じて喜びと生き甲斐を感じながら、能力と個性を最大限に活かせ、安全で健康的に働ける職場環境づくり
・取引先：相互信頼をベースに相手の立場を尊重してその成果を共に分かち合うことにより、共存・共栄を図る
・社会：健全な事業活動を通じて社会の発展に貢献

箇条書きといえども、全体の見落としがないようによく考えられた内容になっています。

箇条書きを読むだけで、会社の基本方針がわかります。時間的余裕がないときは、こうし

た箇条書き方式で要約する方法もあることを知っておきましょう。

## 裏技3　先に目次をつくってから書いてみる

箇条書きと似ていますが、先に目次をつくるという方法もあります。ある程度の分量で要約をまとめなければならないときは、書く内容を列挙して、目次形式にまとめてみることをおすすめします。

目次は全体の要約のようなものなので、目次の項目が列挙できれば、全体像が見えます。文章も書きやすいでしょう。

女性に大変売れた本で『「育ちがいい人」だけが知っていること』（諏内えみ／ダイヤモンド社）は、なんと二五七本もの目次が立っています。目次を読んでいくだけで、ほぼ本の内容はわかったつもりになってしまうほどです。

たとえば「ふるまい」の項目の目次を見ると、

1　無表情と笑いの間、ほほえみの表情
2　顔見知りでなくても目礼、会釈を
3　ごあいさつは、いったん立ち止まって

### 4　気遣いのフレーズが自然に出てくる

……など、細かな目次がてんこ盛りになっています。まさに目次が内容の要約になっていて、読むと大変わかりやすい印象を受けます。文章は目次に即して書いていけばいいので、「要約するのは苦手だ」と思っている方も、先に目次を整えてしまえば、あまり苦労なく書けるのではないでしょうか。

## 裏技4　問いで見出しをつくっていく

「なぜ嗅覚がなくなるのか?」「重症化する人の特徴とは?」など、問いで見出しをつくっていくやり方は、相手の関心をひきたいときに重宝する方法です。

私はこの問いの形式が好きです。教員志望の学生たちに、「問いをつくって授業をしてほしい」といつも言っているくらいです。

『ネイチャー』は国際的な科学雑誌ですが、専門的な論文も多く、いきなり読むには少しハードルが高い気がします。でも、見出しが問い形式になっていると、ぐっと距離が縮まります。

二〇二一年一月二一日号の「COVID-19による嗅覚障害と味覚障害:科学的に解明

されていること」という記事は、この問いで見出しが立てられています。

順番に列挙しますと、

**嗅覚消失を経験しているCOVID‐19患者の割合は？**

**COVID‐19感染者はなぜにおいに対する感受性を失うのか？**

**損なわれた感覚はどの程度で戻るのか？**

**化学感覚を永久に失うことの影響は？**

**感覚を回復する治療法はあるか？**


となっています。これを見ると、難しい論文でも何となく読めそうな感じがしてきませんか？　全部が読めなくても、自分の興味がある問いから読んでいくこともできそうです。問いに対する答えが続けて書いてあるので、その点も便利です。

読む方の興味関心をひきつけると同時に、時間のロスが防げるという大きなメリットもあります。

そもそも「要約力」が求められるのは、時間のロスを防ぎたいという需要もあるので、問いで見出しをつくって回答を書いていく要約のしかたは需要にもマッチしています。

## 裏技5　比較対照するものを持ってくる

要約するときに便利なのは、比較対照するものを持ってくることです。比較があるとものごとがわかりやすくなります。

先日読んだ『読売新聞』（二〇二一年四月二五日付）にちょうどいい記事がありました。「どっち派？」というタイトルで内田百閒と夢野久作が対比されています。左右対称に記事がわかれていて、それだけでもひじょうに見やすくなっています。

それぞれタイトルがつけられていて、夢野は「不思議な世界観　クセに」、内田は「あふれる深い思いやり」になっていて、その二人の作品の魅力について読者が語るという形式になっています。

この「左右対称方式」は要約をわかりやすくまとめるときに重宝しますので、覚えておくといいでしょう。

なお、この記事の場合は読者が登場して意見を述べていますが、一般の要約では、視点ごとに内容を比較するのが便利でしょう。

内田百閒

夢野久作

どっち派？

今回はユーモアあふれる文体で小説と随筆の両方で活躍した内田百閒と、人間の心の奥底に触れる怪奇幻想の世界を構築した夢野久作の対決。ともに1889年（明治22年）生まれで、今も根強い人気が続いています。思わず小説を読み返し、筆を執った投稿者も多かったようです。

HONライン倶楽部

あふれる深い思いやり

不思議な世界観 クセに

内田百閒

うちだ・ひゃっけん　1889〜1971年。本名・内田栄造。岡山県生まれ。東京帝大入学後、夏目漱石門下となり、芥川龍之介らと親交を深める。法政大学などで教べんを執った後、34年に文筆活動に入る。不気味な幻想を描く小説とユーモアあふれる随筆で人気を博した。教授時代の教え子に慕われ、誕生日には「摩阿陀会」と称される会合が開かれていた。

夢野久作

ゆめの・きゅうさく　1889〜1936年。福岡県出身。幼名は杉山直樹。父は右翼の大物の杉山茂丸。筆名は福岡方言で夢想家の意味。慶応義塾大中退。農園主、禅僧など様々な職業を経て、26年に雑誌「新青年」に投稿した「あやかしの鼓」でデビュー。怪奇幻想小説の名手として活躍した。代表作『ドグラ・マグラ』は構想10年の果てに完成した。

（2人の写真は日本近代文学館提供）

乱歩、芥川も作品評価

別の作家による同時代評は、その作品の普遍性と面白さを今に伝えてくれます。

夢野久作は、先輩作家の江戸川乱歩の薫陶を受けました。乱歩は「押絵の奇蹟」について、「グッと惹きつけられてしまった。（中略）私は読みながら度々ため息をついた」と激賞しました。

一方、百閒が土手の風景を幻想的に描いた小品「冥途」を発表した際、芥川龍之介は評を書いています。「僕にはあの小品が、現在の文壇の流行なぞに、囚われて居らぬ所が面白いのである」

いずれも温かみにあふれる文章で、彼らの関係がうらやましくなりました。（創）

A
B
A
1つだけはわかりにくい
比較するものをもってくると
わかりやすい

第一の視点で見ると、Aはこれ、Bはこれ、第二の視点ではAはこれ、Bはこれ、というように、視点を二つ、三つ出して、AとBを比較対照すると、要約に締まりが出て、わかりやすいものになります。

第四章

# 「要約力」トレーニング

## 1　新書一冊を三〇秒で要約するトレーニング

### †A4の紙一枚にまとめてみよう

私は大学で新書一冊を読んで、三〇秒で要約して発表するという授業をしています。二人一組になって、相手の人に自分が読んできた新書の内容を三〇秒で要約して話してもらうのです。

最初はみな「要約力」初心者ですから、ムダな言葉なく三〇秒で正確に要約できる学生は多くありません。中には「えーっと」「なんだっけかな」と言っているうちに終わってしまう人もいます。

でも、順を追ってトレーニングしていくと、全員が新書一冊を三〇秒できちんと説明できるようになります。学期の終わりごろには、さらにハードルをあげて、「一五秒で説明してください」と言うこともありますが、みなさん、ちゃんとついてこられます。

「要約力」はトレーニングすれば、上達する。これは私が自分の授業で実証ずみです。この章ではそのトレーニング方法を見ていきたいと思います。

まず本の内容を三〇秒で要約するトレーニングです。A4の紙を一枚用意してください。紙には以下のことを書きます。

・本の題名
・一行説明（この本の内容）（三〇字以内）
・趣旨（この本で伝えたいこと）（一二〇字くらい）
・引用文三つ

・本の題名

・1行説明

・趣旨

・引用文3つ

各自、読んだ本について、A4の紙に必要事項を書き出してみましょう。

なお、本を読むときのコツもあります。三色ボールペンを持って、どんどん線を引いていきます。本は汚せば汚すほど、自分の血となり肉になるので、躊躇しないでください。

文中でひじょうに重要だと思う箇所は赤、

次に重要だと思う箇所は青、重要ではないが、自分が面白いと思う箇所は緑色で線を引きます。

読み終わったら、この本の結論は何か考えます。その結論を「趣旨」の冒頭に持ってきて、結論の根拠、あるいはポイントを三つにしぼって続けます。これで趣旨は完成です。

そして自分が感心したり、興味を引かれた部分を三つにしぼって「引用文」のところに引用します。ここまで書いてくると、この本の性格もだいたいつかめてきますので、最後にこの本はひと言でいうと「こういう本だ」という説明を一行で書いて完成です。

書き終わったＡ４の紙を眺めてください。紙自体が要約になっているのがおわかりですね。これがあれば、三〇秒で要約するのはとても簡単です。早口で紙を読み上げればいい。ところどころ省略すれば、一五秒でも説明できます。

本を読んだとき、少し面倒でも、Ａ４の紙に要約をまとめる習慣をつけておくと、とてもいい訓練になります。「要約力」がきたえられる上、本の知識の定着にもなって、一石二鳥です。

## 2　コボちゃん作文トレーニング

### †四コマ漫画で楽しく「要約力」が身につく

筋トレと同じで、「要約力」はトレーニングすればするほど上達します。みなさんもぜひトレーニングに励んでください。

「要約力」のトレーニングで、何といってもおすすめなのが「コボちゃん作文トレーニング」です。これは「国語専科教室」を主宰していた工藤順一さんが提唱されたやり方で、私も子どもたちを集めた塾でやらせてもらったことがあります。

工藤さんはもうお亡くなりになりましたが、『国語のできる子どもを育てる』（講談社現代新書）という本でこの方法を紹介していらっしゃいます。

「コボちゃん」というのは『読売新聞』の朝刊に連載されている植田まさしさんの四コマ漫画です。コボちゃんという男の子のほのぼのした日常が描かれています。

「コボちゃん作文トレーニング」はその四コマ漫画を一五〇字でまとめるというものです。

漫画を要約するので、誰でも楽しんでできること、そして最後に必ずオチがあるので、「要約力」のトレーニングにうってつけです。

要約のきまりごとは、コボちゃんのセリフを「　」でそのまま引用しないこと。「……」とコボちゃんは言いました、と会話文をそのまま引用すると、要約が長くなってしまうからです。

たとえばコボちゃんがお母さんに「あのおもちゃを買ってほしいよ」と言ったとします。要約では「コボちゃんはお母さんにおねだりしました」といった表現に変えなければいけません。そして四コマを一五〇字でまとめて、最終的にオチまでいって面白さが伝われば成功です。

## †最後のオチまで到達するのが目標

みなさんもやってみればわかりますが、一五〇字は多いようで、あっという間に終わってしまいます。四コマの最初のほうをダラダラ説明していたのでは、最後のオチまで到達できません。

たった四コマですが、要領よくまとめてオチまで行く「要約力」のトレーニングになります。たとえばこんな漫画があります（『読売新聞』二〇〇三年四月六日付朝刊）。

一コマ目　自分の宝物を見ているコボちゃん。おじいさんが「フーン。コボの宝物か」と話しかけます。

二コマ目　コボちゃんがおじいさんに「おじいちゃんの宝物も見せてよ」と言います。おじいさんは「そっちのへや」と答えます。

三コマ目　コボちゃんが部屋に行きます。「どれー?」と聞くと、おじいさんは「もっとむこう」と言います。

四コマ目「そのへんの左に見えるだろ」とおじいさん。コボちゃんが左を見ると、鏡台にコボちゃんの姿が映っています。これがオチです。

この四コマを要約するとこうなります。

「自分の宝物を見ていたコボちゃん。そばにいたおじいさんに、おじいさんの宝物も見せてほしいとねだります。おじいさんは向こうの部屋にあると答えました。コボちゃんが行ってみても見つかりません。左を見てといわれて、そちらを見ると、鏡台にコボちゃんの

© 植田まさし

姿が映っていました。おじいさんの宝物はコボちゃんだったのです」（一四九字）

おじいさんは宝物がコボちゃんだと直接言わず、コボちゃんに鏡を見せることでそのことを教えます。コボちゃんが鏡にうつる自分を見て、おじいさんの宝物を理解する、というところがオチです。

直接言えばいいのに、おじいさんが照れくさかったのか、それともそういう仕掛けを持って大事なことを伝えたかったのかは、解釈がわかれるところですが、とにかく要約ではオチの面白さが伝わればいいでしょう。

## †余韻を残したいときは問いをひと言いれるといい

ついでにふれておきますと、いい要約はオチを聞いて、「自分だったらどうするかな」とか「へえ〜」という余韻が残るものです。

余韻を残す、とっておきの方法をひとつ紹介しておきましょう。それは説明の間にひと言「それでどうしたでしょう?」と問いをはさむことです。コボちゃんで説明します。

コボちゃんの漫画に、風船が出てくる回があります(『読売新聞』一九九七年一月二二日付朝刊)。町で子どもたちに風船を配っていて、コボちゃんも一つもらいます。ところが前を歩いていた女の子の風船が、手を離れて飛んでしまいます。そのときコボちゃんはどうしたでしょう?

ここに「そのときコボちゃんはどうしたでしょう?」と問いをはさむわけです。問いを入れることでオチが際立ち、印象が強くなります。

なお、問いのあとにあまり長くシンキングタイムを置いてはいけません。聞いているほうは早く答えがほしいので、三～五秒ほどで答えを言いましょう。

コボちゃんはどうしたか?——なんと自分の風船も空に飛ばしてしまうのです。女の子の風船をコボちゃんの風船が追いかけていきます。空に上がった風船が二つになってさびしくないね、というわけです。これによって女の子もさびしい気持ちがなくなって、二つ一緒でよかったね、という気持ちになります。

立て板に水で最初から最後まで説明するより、途中で問いをひとつ入れて、ひと息つく。問いがフックになり、オチが際立ちます。余韻が残り、より印象深い要約になります。

## 3　一五秒近況報告トレーニング

## †何度もくり返すたびにうまくなる

社会に出ると、「ちょっとこの状況を要約してみて」「そのトラブルの概略を簡単に説明

して」など、要約を求められる場面に遭遇することがあります。

そんなとき、手短に的確に状況を説明できると「おーっ」と評価が上がります。反対にもたもたして、要領を得ない説明しかできないと「よくわからないな」「この人、大丈夫かな」と思われてもしかたありません。報告はだいたい一五秒くらいにとどめると、ちょうどいい感じになります。

私は大学で学生に「近況報告を一五秒でやってみてください」としばしば要求します。すると一五秒で起承転結をしっかり入れて、さらには笑いまで取るという天才的な近況報告ができる人がいる一方で、専門分野では頭のいい学生でも、だらだら話が続いて、内容もよくわからないという人もいます。

先日も、優秀な学生でしたが、二分たっても近況報告が終わりません。そのときは、この人の話を別の学生に要約してもらって、もう一度本人に戻し、再チャレンジしてもらいました。

すると、今度は一五秒で見事な要約ができました。人が要約したものをもう一度要約するわけですから、何が重要か、本質を明確につかまえることができたからです。それが見事な要約につながったわけです。

話が長いと何が重要なのかが見えにくくなります。言葉は多いほどいいというわけではありません。むしろ削っていったほうが、本質が明らかになります。

そのことを頭に入れて、みなさんも近況報告や状況説明をするときはなるべく短く話すように心がけましょう。「私は話が苦手なので」としり込みしないで、とにかく話す。何度でも話す。話すうちに骨格が見えてきます。

お笑い芸人の方も、自分たちのネタはいろいろな場で話してブラッシュアップし、勝負の舞台に持っていくそうです。話が長くて一五秒で要約できない人でも、繰りかえし一五秒トレをやっていると、必ず、短く端的に話せるようになります。

## 4 英語の長文を使って骨格を見つけるトレーニング

### †関係代名詞や修飾語を（ ）で囲う

本を読んでも、その著者が何を言いたいのか、要旨がつかめない人がいます。要旨がわからなければ要約もできません。これを克服するには何冊も本を読んで、活字に慣れるのが王道ですが、別のアプローチから、要旨がつかめるようになる方法があります。

意外に思われるかもしれませんが、それは英語を読むというトレーニング方法です。最近は、英語の入試問題でも、比較的長い英文を示して、要旨を答えさせる問題が多くなっています。

英文をサーッと読んで、内容が把握できるかどうかが問われているわけです。この英文の長文読解が「要約力」をきたえるのに役立つことがあるのです。

英語の長文を読むコツですが、読み進めながら「ここは具体例にすぎないから飛ばそう」とか「この関係代名詞以降の文章は、修飾している部分だからとりあえず飛ばそう」など、余分な箇所はどんどん抜かしていって、骨格を探すのが一番早道です。

たとえば意味がわからない単語が登場したとします。でも主旨に関係ない単語なら、読み飛ばせばいいのです。問いで聞かれている「この文の要旨は何ですか?」がわかればいい。

肉はいい、骨はどこだ、というやり方です。骨だけを探していって、組み合わせると骨格がわかります。すなわち主旨がつかめるのです。

私の場合は、英文を読むときは修飾語や関係代名詞がある関係代名詞節はみな（　）に入れて、どんどん飛ばしていきます。現象学でも先入観は（　）に入れて考えないようにするというやり方を取ります。とりあえず保留にしておく保留感覚が、（　）です。（　）に入れた部分は枝葉末節です。だからその中にわからない単語があってもまったく気にしません。とにかく枝や葉は切り払って、幹だけを見つける。この作業ができると、幹だけ、つまり骨格が残ります。

「要約力」が弱い人は、骨格を見つける力が弱い人です。そういう方は、英語の長文読解をこなしてみると、文章の骨格がつかめるようになります。

毎日、頑張って英字新聞を読んでいた人が、一年ほど続けていたら、英語の文章の骨格が浮かび上がって見えるようになったと言っていました。面白いことに、英字新聞が読めるようになると、日本の新聞もスラスラ読めて、内容も瞬時に把握できるようになったということです。

英文で読解力をつけておけば、日本語でも、枝葉末節がすぐわかり、骨格により早くたどりつけるでしょう。

今は学校でも職場でも、英語の資料やテキストを読む機会が増えています。英文を読む力をつけながら、日本語文の要旨もわかるようになるのですから、英文読解のトレーニングはぜひおすすめです。

## 5　映画のストーリーを起承転結で話すトレーニング

### †起承転結の四つのブロックにわけて話す

映画を見て感動したとき、ストーリーを人に話したくなります。私は中学生のとき、テレビの『日曜洋画劇場』で『レベッカ』（A・ヒッチコック監督・一九四〇年公開・アメリカ）という作品を見て、ひじょうに感動し、翌日の体育の時間に、横にいた友だちに話し続けた記憶があります。

映画を見たら、友だちや知り合いに話したり、ブログに書いたりするのは、すぐできる「要約力」のトレーニング方法ではないかと思います。

映像作品を要約するのは、文字で書かれているものより少し難易度が高いかもしれません。でも映画はわりとストーリー性があるので、起承転結さえつかめればやりやすいでしょう。ネタバレしていいときは、起承転結にそって話すと失敗がありません。

『タイタニック』（J・キャメロン監督・一九九七年公開・アメリカ）を例に取りましょう。当時大ヒットしたので、私も映画館に見に行きました。起承転結はこうです。

（起）船に乗り込む
（承）恋が生まれる
（転）船が沈む
（結）片方しか助からない

この四つのブロックに肉付けしていけばいいわけです。

まず豪華客船タイタニック号が登場します。イギリスからアメリカに向けて出発する処女航海に出発します。乗り込むのは、アメリカで成功をめざす青年ジャックと、上流階級の娘ローズ。この部分までが「起」です。

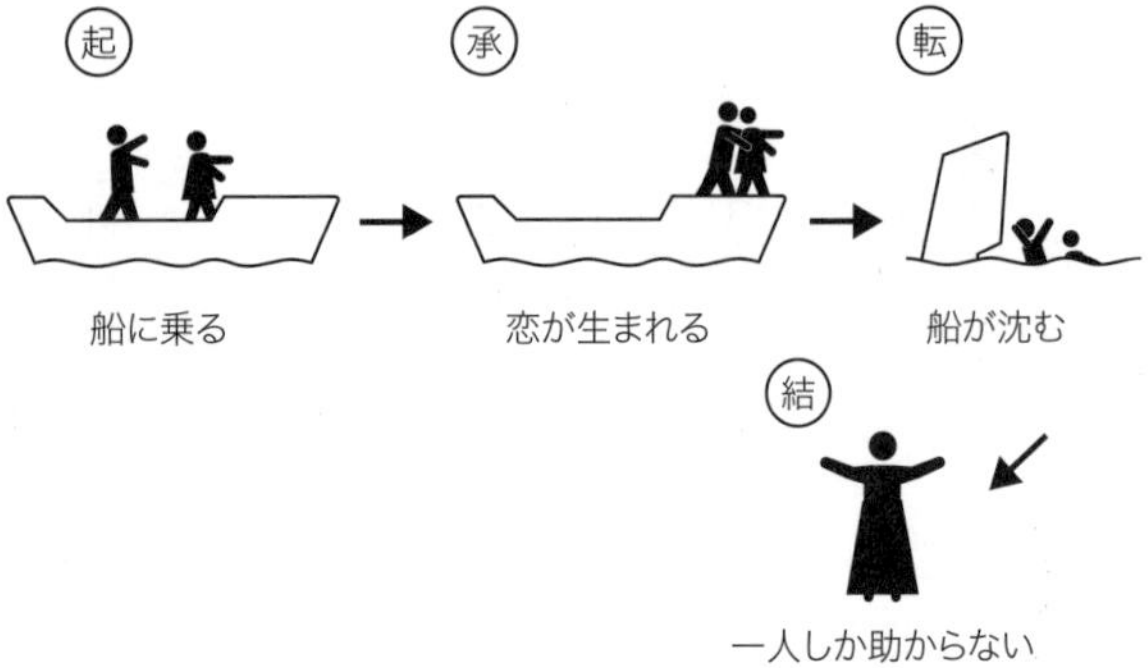


映画『タイタニック』の起承転結

二人は身分の違いを乗りこえて、恋に落ちます。ここが「承」です。しかしタイタニック号は巨大な氷河に衝突して沈没します。救命ボートの数が足らず、たくさんの人たちが犠牲になります。この部分が「転」でしょう。

そして最後の「結」はジャックがローズを助け、自分は冷たい海に沈んでいくというところです。これを「起承転結」にそって話すだけで、『タイタニック』の要約が完成します。

### †ネタバレをさけるには配慮の「……」を使う

なお、映画の要約ではネタバレしてはいけないことがしばしばあります。そんなとき便利なのが「……」の使い方です。

アマゾンで紹介されている『タイタニック』の要約を見てみましょう。

**1912年、処女航海に出た豪華客船タイタニック号。新天地アメリカを目指す画家志望の青年ジャックと上流階級の娘ローズは船上で運命的な出会いを果たす。身分違いの恋を乗り越え強い絆で結ばれていく2人。しかし不沈を誇っていた豪華客船は皮肉な運命に見舞われる……。（アマゾン）**

「……」が効果的に使われていて、ネタバレしないですんでいます。大人の配慮ができている要約として〝配慮の「……」〟を上手に使う方法を覚えておくといいでしょう。

なお、アマゾンの要約のポイントは「悲恋」に焦点をあてた点です。『タイタニック』の映画を知らない人にとっては「タイタニックって、あの沈没した船の話でしょ。船ってあまり興味ないな」ということになりかねません。

でもこの要約では、沈没した船の話というよりは、庶民の青年と上流階級の女性の悲恋であると明確に言い切っています。短い字数の中でこの映画の特徴がおさえられているひじょうにいい要約だと思います。

†要約が面倒なときは「意外な真実を知ることになる」でいい

もうひとつ映画の要約の例をあげてみます。新海誠監督のアニメ『君の名は。』(二〇一六年公開・日本)も大ヒットした作品です。映画.comというサイトで紹介されていた文章をとりあげます。

1000年ぶりという彗星の接近が1カ月後に迫ったある日、山深い田舎町に暮らす女子高生の宮水三葉は、自分が東京の男子高校生になった夢を見る。日頃から田舎の小さな町に窮屈し、都会に憧れを抱いていた三葉は、夢の中で都会を満喫する。一方、東京で暮らす男子高校生の立花瀧も、行ったこともない山奥の町で自分が女子高校生になっている夢を見ていた。心と身体が入れ替わる現象が続き、互いの存在を知った瀧と三葉だったが、やがて彼らは意外な真実を知ることになる。(映画.com)

この紹介文は最初の一文にひじょうに多くの情報量が含まれています。要約は基本的に字数が限られているので、その中にどれだけ情報量を盛り込めるかが重要です。

「1000年ぶりの彗星の接近」。これはこの映画にとって欠かせない重要な背景の説明になります。「宮水三葉は男子高校生になった夢を見る」という部分は映画の肝となる部分で、かつとても特徴的なところですから、この一文を読むだけで、「ほお〜」という感じになります。

これだけの情報を最初の一文に盛り込んでいるので、たいへんいい要約といえるでしょう。

都会に住む男子高校生と山奥の田舎に住む女子高校生の間に何が起きるのか、というところで「意外な真実を知ることになる」と書かれています。たいていの映画は「意外な真実」が展開されるわけですから、この一文は汎用性があります。

ネタバレをさけるためや要約が面倒になったとき、「意外な真実を知ることになる」という文章で締めておくと、余韻を残して要約を終えることができます。

もっとも試験でこれをやってはいけません。試験は最後まで要約することが求められているので、途中でごまかしてはいけないのです。

ひと言付け加えさせていただくと、私は世間で流行っている映画は必ず見に行きます。

映画がすごく好きなので、平均一日一本は見ていますが、それとは別に流行りものの映画も、好き嫌いは別にして必ず見に行きます。

なぜかというと、今流行っている映画を見て要約できると、どこに行っても話題に困らないからです。しかし、先日、大学で学生に聞いてみると、あれだけブームになった『鬼滅の刃~無限列車編』の映画を見た人がわずか二割にも満たなかったのです。

驚きました。『鬼滅の刃』(外崎春雄監督・二〇二〇年公開・日本)の映画は興行収入四〇〇億円を超えたそうです。同じ人が見に行っていることもあるとは思いますが、それでも何百万人もの人が見ているはずです。

大学生はお金に余裕がない人が多いので、しかたないとはいえ、あれだけ話題になっている映画を見ないでいると、話についていけない場面も多くなるのではないでしょうか。

どうしても見に行けないときは、いろいろな要約を見て、「こんな話ですよね」「杏寿郎がね」などと話せると、最低限のラインはついていけます。せめて要約だけでもチェックして、内容をおさえておくといいでしょう。

## 6　ドラマやアニメの一話分を要約するトレーニング

### †体言止めを使ってわかりやすい要約をつくろう

ドラマやアニメを要約するときも、基本的には映画の要約同様、「起承転結方式」でまとめるのが間違いありません。動画配信サイトHuluのアニメ『進撃の巨人』の紹介を例にとりましょう。

巨人がすべてを支配する世界。巨人の餌と化した人類は高さ50メートルの巨大な壁を築き、壁外への自由と引き換えに侵略を防いでいた……。まだ見ぬ壁外への自由を夢見る10歳の少年、エレン・イェーガー。エレンは仮初めの平和に満足し外の世界へ出ることを諦めた人々に違和感を覚える。彼らを「家畜」と呼ぶエレン。エレンを「異物」と感じる人々。だが、壁をも越える超大型巨人の出現により、エレンの「夢」も人々の「平和」も突如として崩れ去ってしまう……。（Hulu）

「起」は巨人に食べられる人間の世界。「承」は壁の中で生きる一人の少年の登場。「転」は超大型巨人の出現。そして「結」はネタバレを避けるため、〝「意外な真実を知ることになる」方式〟を使って、ぼかしてあります。

このアニメでは「壁」が重要なアイテムになりますので、要約ではきちんと壁についておさえられています。

「巨人の餌と化した人類」という説明も適切です。人類の一般的な修飾語として、「〇〇な人類」を考えたとき、「巨人の餌と化した」という修飾語がくるのは『進撃の巨人』だけでしょう。作品の特質がきわだっている素晴らしい修飾語です。

なお、この要約の学ぶべき点としてあげておきたいのは、「体言止め」を多用している点です。「〇〇の世界。」「〇〇の少年。」といった体言止めは要約では使いやすいので、試してみるといいと思います。

## †そのまま要約になるタイトルをつけてみる

テレビで毎週放送されるアニメやドラマは、一話のタイトルがそのまま要約になっているものが多く見られます。『サザエさん』もその代表です。番組の終わりに次週の予告のタイトルが紹介されますが、それが手短な要約になっています。

今まで放送されたタイトルを見ると、「波平、父の日卒業」「タラちゃん、パパになる」「衣替えは順調ですか」など、タイトルのつけ方がすでに要約になっています。

アニメやドラマを見たら、「今の話に自分だったらどんなタイトルをつけるだろうか」と考えてみましょう。タイトルを考えてつけるのは、「要約力」をつける上で基本的な練習になります。

### †そぎ落としても話が通じる限界まで削っていく

タイトル付けに慣れてきたら、少し印象的な面白いタイトルを考えてみましょう。印象的なタイトルには特徴があります。それは余計な言葉は入っていない、そぎ落とされて本質があらわになっていることです。

これはアニメではなく、歌のタイトルですが、大沢誉志幸さんの『そして僕は途方に暮れる』という曲のタイトルも本質がむき出しになっています。歌詞の冒頭はこうです。

見慣れない服を着た君が今出ていった
髪形を整え、テーブルの上もそのままに

（JASRAC 出2110678-101）

冒頭の「見慣れない服を着た君が今出ていった」という一文だけで、いろいろなことが想像されます。見慣れない服、というワードだけで、二人の間に距離ができていたことが伝わってきます。おそらく二人の間には簡単には説明できないくらい、たくさんの出来事があったのでしょう。

その結果、女の人が出ていって、僕は途方に暮れるわけです。

『そして僕は途方に暮れる』は要約ではありますが、何かがあって女性が出ていったという肝心の理由のところが省略されています。あえてそこを削ったことで、おしゃれでかっこいいタイトルになっています。

タイトルは短い文字数で要約しなければなりませんので、何をそぎ落とせるのか、削って削って、どこが残るのかが勝負になります。

ちょうどジャコメッティの彫刻のようです。彼の彫刻はものすごく細いのが特徴です。

針金のような人物は人間の実存の危うさと確かさをあらわしています。極限まで削られた、人間のあり方の要約がそこにはあります。

要約できない方は、「これも落せない」「あれも入れたい」と詰め込みすぎているからです。

その結果、何が言いたいのかわからなくなってしまう。

そうした心の癖を排除して、削り落としていく作業に集中してみましょう。積み上げた積み木をひとつずつ抜いていって、倒れるギリギリまで取り除くジェンガというゲームのように、ここまで削っても話は通じるという限界まで削る作業をやってみると、「要約力」の訓練になります。

頭の中にジェンガをイメージする「ジェンガ要約」を試してみてください。

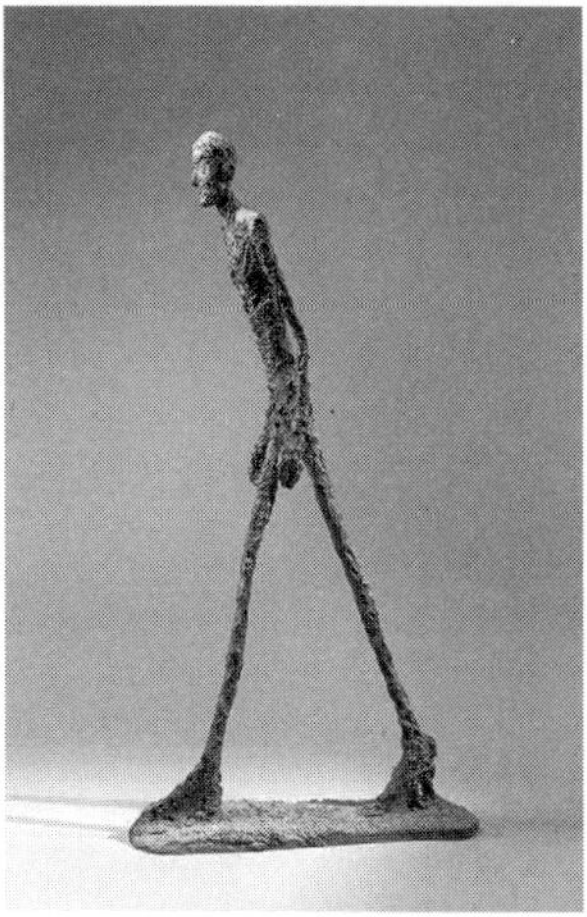

ジャコメッティ作〈歩く男〉

## 7　小説の要約文を書いてみよう

### ✝出版社各社の要約を比べてみる

ドラマや映画、アニメと比べると、小説の要約はややハードルが上がります。小説はストーリー展開が複雑なものもありますし、そこに解釈も入ります。

要約は本来、ある程度共通のものになるはずですが、小説の場合は、視点によって要約が変わってきます。

小説の要約で参考になるのが、各出版社が出している出版目録です。ここには書籍の要約が一冊につき三～五行で書かれています。一冊の内容をたった三～五行で説明しなければならないのですから、大変な「要約力」が要求されます。

またアマゾンなどのサイトを見ると、各出版社が自社の本について要約しています。各社の編集者が知恵をしぼって要約していますので、同じ本がどのように要約されているのか、比較してみても面白いと思います。

自分だったらこの本をどう要約するかな、と考えてみるのも、「要約力」のかっこうのトレーニングになるでしょう。

夏目漱石の『こころ』についてみていきましょう。『こころ』は日本のおもだった出版社で出版されているので、各社の要約を一堂に比較して眺められます。

新潮文庫

友情と恋の、どちらかを選ばなくてはならなくなったら、どうしますか……。

鎌倉の海岸で、学生だった私は一人の男性と出会った。不思議な魅力を持つその人は、〝先生〟と呼んで慕う私になかなか心を開いてくれず、謎のような言葉で惑わせる。やがてある日、私のもとに分厚い手紙が届いたとき、先生はもはやこの世の人ではなかった。遺された手紙から明らかになる先生の人生の悲劇――それは親友とともに一人の女性に恋をしたときから始まったのだった。

角川文庫

遺書には、先生の過去が綴られていた。のちに妻とする下宿先のお嬢さんをめぐる、親友Kとの秘密だった。死に至る過程と、エゴイズム、世代意識を扱った、後期三部作の終曲にして漱石文学の絶頂をなす作品。

講談社文庫
最も親しい友人を死に追いやった罪の意識を抱きつつ、暗い思いで自滅への日々を送る主人公〝先生〟のこころの行方は？「彼岸過迄」「行人」に続く後期3部作の終作。近代知識人のエゴイズムと倫理観の葛藤を重厚な筆致で掘り下げた心理小説の名編。

集英社文庫
恋人を得るために親友を裏切り、自殺へと追いこんだ。その過去の罪悪感に苦しみ、自らもまた死を選ぶ「先生」……。愛と偽善、誠実の意味を追究した傑作。

文春文庫
「先生」が私に遺した遺書には、彼の過去が綴られていた。恋愛のために親友を裏切り、自殺へと追い込んだ罪の意識から、自らも死を選んだ男の生涯を描き、孤独な近代人の苦悩を超え、新しい時代に生きる決意を示した『こころ』。

岩波文庫

かつて親友を裏切って死に追いやったという過去を背負い、罪の意識に苛まれつつまるで生命を引きずるようにして生きる「先生」。と、そこへ明治天皇が亡くなり、乃木大将が殉死するという事件がおこった。「先生」もまた死を決意する。だが、なぜ……。

ちくま文庫

「私」は、ある夏の日、海辺ではじめて「先生」に出合う。足繁く「先生」の家を訪れるようになった「私」には、「先生」の、すべてを諦めたような生き方を解き明かしたいという気持が次第に強くなる……。友を死に追いやった「罪の意識」によって、ついには人間不信に至る近代知識人の心の暗部を描いた傑作。

どうでしょう。共通点は多く、共同主観は成立していますが、社によって、こうもスタイルが違うのかと驚きませんか？　どこに焦点を持ってくるかで、要約のしかたが変わってくるいい例です。

### †人をひきつける問いを最初に立ててみる

出版社が発表している要約は、これを見た人に「この本を読んでみたい」と思わせないといけないので、たいてい誘うようなひと言が入っています。たとえば新潮文庫の『こころ』の要約は、冒頭に「友情と恋の、どちらかを選ばなければならなくなったら、どうしますか」とあります。

これは、小説のテーマを問いの形にして提示していて、ひじょうにうまいやり方です。ふつう、問いで始まる要約はあまりありませんが、このケースでは上手にはまっています。問いを最初に立てて「何々だったらどうしますか?」と投げかけるやり方は、ほかの小説でもうまくあてはまるものがあるでしょう。

太宰治の『走れメロス』なら「人を殺し続ける王様がいたらどうしますか?」「疲れ切ってもなお走り続けられますか?」「生きる力の源泉は何ですか?」などと始めると、インパクトがある要約の出だしになります。小説の要約を考えるとき、最初に問いが立つか考えてみるのもいいと思います。

ちなみに私なら、『こころ』の冒頭に、「あなたは本当に腹の底から真面目ですか？」という問いを書くでしょう。『こころ』に登場する「先生」は主人公に何度も「あなたは真面目ですか」と問うています。

この場合の「真面目」とは倫理観があるということです。「先生」は「人は倫理的に生きるべきである」という価値観の時代に育てられた人間です。

ですから『こころ』は「真面目」をテーマにした〝真面目文学〟だと私は思っています。真面目な生き方とは何か。あなたは本当に真面目に生きているのか。それがテーマですから、そのことをはっきりさせるために、「真面目ですか？」という問いを最初に出すような要約にすると、要約のテーマも明確に表現でき、かつインパクトのある要約の出だしになります。

## †要約＝あらすじとは限らない

小説をどう読むかは読み手によってさまざまです。つまり解釈のしかたによって要約に違いが出ます。小説の場合は、あえて、自分の解釈を前面に出してしまう要約もありだと思います。

たとえば角川文庫の『こころ』の要約は「死に至る過程と、エゴイズム、世代意識を扱った、後期三部作の終曲」となっていて、「死に至る過程」「エゴイズム」「世代意識」といった解釈のキーワードを入れ込んだ要約になっています。

これは「解釈的要約」といってもいいかもしれません。さらに「後期三部作の終曲」として、『こころ』が漱石の作品の中でどんな位置を占めるのかをあらわしています。

これは作品の中身というより、漱石文学全体における位置づけの話なので、外側から眺めた「外側視線」の要約といえます。ちなみに後期三部作とは『こころ』と『彼岸過迄』『行人』を指します。

また講談社文庫も「最も親しい友人を死に追いやった罪の意識を抱きつつ、暗い思いで自滅への日々を送る主人公」と、思い切り解釈を出しています。

この二社の出版社の要約を見ていくと、要約＝あらすじ、としなくてもいいということがわかります。作品の本質をキーワードで示してもいいし、作家全体の作品の中での位置づけという外側からの評価を加えてもいい。あるいは自分なりの解釈で、主人公を規定してもいいのです。

なお講談社文庫の要約で「エゴイズムと倫理観の葛藤」という言葉は、いろいろな小説に使えそうです。読書感想文で使うと高い評価をもらえそうな気がします。

## ✝解釈を要約に変えるトレーニングは長大作品に使える

小説の中でも長大な物語はどのように要約すればいいでしょうか。頭から要約していったら、小説と同じように長大な要約になってしまいます。そういうときは、物語の起承転結は横に置いておいて、「この小説は結局何を描いているのか」、すなわち「○○は××と見つけたり」という定義を見つけるアプローチをするといいでしょう。

たとえば紫式部の『源氏物語』を要約のトレーニングに使うとします。『源氏物語』は全部で五四帖もある壮大な物語です。一帖ずつ物語があって、それが五四個も続いています。

ひとつひとつが一個の小説として成立するくらい中身の濃い内容ですから、とてもじゃありませんが、どうやって要約するのか途方に暮れてしまいます。

しかし、『源氏物語』とは何か、という解釈から迫っていけば、やりやすいのではないでしょうか。私の解釈では、『源氏物語』は光源氏が主人公と言われていますが、実はさ

光源氏は「光源」だった？

## 光源氏は「光源」と見つけたり！

まざまなタイプの女性たちの物語で、光源氏は女性一人一人を輝かせるために登場している脇役ではないか、というものです。

すなわち光源氏は女性たちを一人一人照らし出す〝光源〟である、という解釈にたどりついたとき、「光源氏は光源と見つけたり！」と思わず興奮してしまいました。

みなさんもぜひ自分なりの解釈を見つけて、長大な小説を要約してみてください。思いがけない発見があるかもしれません。

参考までにロシア文学の大作『カラマーゾフの兄弟』について、出版社各社の要約を紹介しておきましょう。いずれも解釈が加えられている点に注目してください。

### 新潮文庫

物欲の権化のような父フョードル・カラマーゾフの血を、それぞれ相異なりながらも色濃く引いた三人の兄弟。放蕩無頼な情熱漢ドミートリイ、冷徹な知性人イワン、敬虔な修道者で物語の主人公であるアリョーシャ。そして、フョードルの私生児と噂されるスメルジャコフ。これらの人物の交錯が作り出す愛憎の地獄図絵の中に、神と人間という根本問題を据え置いた世界文学屈指の名作。

講談社文庫
奔放かつ強欲極まりない男フョードル・カラマーゾフが殺された。一家の当主を失い始まる、残されたものたちの〝毒蛇同士の殺し合い〟に例えられる争い。〝神の存在〟、〝認められること、許されること〟の意味とは？　そうして犯人は誰か？

岩波文庫
貪婪淫蕩な父フョードルの血をうけた三兄弟―激情にまかせ放縦無頼の日々をおくるドミートリイ、徹底した無神論者の理性人イヴァン、そして無私の愛にみちた敬虔純真なアリョーシャ。僧院での一族の会合から、雄大深遠な思想のドラマの幕はあがる。

私の場合、欲望を宿命とした「カラマーゾフの血」や、「人生の意味より人生そのものを愛せ」という名言、グルーシェニカ、二等大尉親子、ゾシマ長老といった名脇役、ラストの少年たちによる「カラマーゾフ万歳」など入れたい要素がたくさん浮かんできます。削ぎ落としがポイントになります。

## 8　教科書を使って概念を要約するトレーニング

### †事実の羅列だけが要約ではない

私たちが小、中、高と使ってきた教科書は「要約力」のかたまりです。学校で使う教科書は文科省の検定を通ったお墨付きで、子どもたちがその年齢で学ぶべき内容を見事に要約してあります。

こんな素晴らしい「要約力」のお手本を日常的に目にしていたのに、私たちは少しもそのありがたみに気がついていなかったのですから、本当にもったいない話です。

もっともあの時代、私たちは子どもだったので、価値がわからなくてもしかたありません。でも大人になった今、「要約力」の見本として、教科書をもう一度見直してみるのは、「要約力」のいいトレーニングになるでしょう。

とくにおすすめなのが世界史の教科書です。世界史の教科書を読むと、世界的な観点で見た歴史の意味づけがわかります。日本人なんだから、日本の歴史が先だろうと言う人もいるかもしれませんが、順番として世界の大きな流れをおさえた上で、日本や地域の個別の問題に迫っていくのが、本来の理解のしかたではないかと思います。

世界史というとこまごました暗記もの、という印象を持っている人がいるかもしれませんが、実はひじょうに大きな大局観を持って要約されています。

たとえばローマ帝国について、何年から何年までという覚え方をした方が多いでしょうが、教科書を見ると、それだけではなく、ローマ帝国が現在から見てどのような意味があったかをきちんと要約してあります。

山川出版社の『詳説世界史』では次のような記述になっています。

イタリアに誕生した都市国家の一つローマは、強大な軍事力を背景にやがて地中海周辺全域を統一した。ローマ帝国は以前からあったさまざまな文化・文明・民族を、地中海世界という一つのまとまりのなかに統合・吸収し、都市を中心にギリシア文化を継承・発展させた。「ローマの平和」のもとで反映したローマ文明は、その後のヨーロッパ文明の直接の母体であり、ローマ帝国に急速に広がったキリスト教は、ギリシア文化とともにヨーロッパ思想の重要な源流となった。

この文章を読むと、ローマなくして現代のヨーロッパはなかったという意味づけが語られています。ギリシア文化とキリスト教の二つの柱のつなぎ役となったのがローマ帝国だったというわけで、事実だけでなく、歴史的な役割について踏み込んだ内容になっています。事実の羅列だけが要約ではないことが、この教科書でわかります。

このように歴史の教科書に見られる「要約力」は、歴史的にどんな役割を果たしたのか、どんな影響を及ぼしたのかという解釈をもってまとめあげられています。

年表にすればただの事実の列挙ですが、それでは要約にならない。意味の解釈が必要、という「要約力」のあり方を歴史の教科書から学ぶことができます。

## †概念がつかめなければ要約の意味がない

「何年に何が起きた」という知識は基本的なものです。それを踏まえて、意味をつかむのが歴史学の面白さです。それが何を意味するのか、意味づけや概念を学んでいく必要があります。

たとえば「一八世紀にイギリスで起きた産業革命について要約してください」と言われたら、みなさんなら何と答えますか。

「機械で綿織物をつくるようになった、あの発明ですよね」というような答え方をする人が多いのではないでしょうか。

でも山川の世界史の教科書を読むと、もう少し大局的に産業革命の概念が記されています。

**工業生産の様式を機械制工業にかえ、資本主義を確立した産業革命は、18世紀に広大な海外市場を確保したイギリスで最初におこった。産業革命は綿工業から始まって、ほかの産業部門にもおよび、工業中心の社会をうみだした。産業革命によって世界の巨大**

**分業システムの中心国としての地位を確実なものとしたイギリスは、ヨーロッパのみならず世界の市場形成に主導的役割をはたした。**

つまり産業革命は、機械によって工業中心の社会をもたらし、それが資本主義になっていったということです。「機械」「工業中心」「18世紀」「世界の市場形成」という言葉が頭の中に入ると、産業革命がだいぶ頭の中で位置づけられてくるでしょう。

その結果、世界の工場として、イギリスが原料を輸入して、工場で生産し、それを海外の市場に輸出して大もうけするというシステムができあがります。

そうなると、植民地であるインドは打撃を受けます。もともと綿花を手織りで織って自分たちで生産していたのに、イギリスが機械で生産した綿製品を買わなければならなくなります。

後にガンジーは独立運動を進める中で、自分たちで手織りをすることを提案します。産業革命で起きた資本主義的な枠の中に取り込まれるのに反対したわけです。産業革命の影響は、植民地の強化、植民地独立、現代へとつながっていくのです。そうした流れをおさえて産業革命の意味が説明できないと、大人としては少し物足りないのではないでしょうか。

歴史の教科書を読むと、実に親切に歴史の流れや意味がわかるように書かれています。高校時代にはピンとこなかったけれど、大人になるとひじょうによく理解できて、うれしくなります。

私は大人こそ、教科書をつかって大局的な「要約力」を身につけるべきだと思っています。実は大人にはその勉強が向いているのです。大人に事実の羅列を暗記せよ、といわれても耐えられません。

でも意味を考えよ、とか因果関係や影響を説明せよ、といわれるとがぜん「知りたい」「説明したい」という欲求がわいてきます。大人には、つながりを説明できるようになりたいという欲求があるのです。その意味でとくに世界史の教科書を読むと、「なんてよく歴史のつながりがわかるんだろう」と感激するでしょう。テストがない分、気楽に読めます。

「要約力」の基本はよくできている文章を「「要約力」があるね」とほめたたえることでも身につきます。教科書一冊の中に世界の歴史が入っているという、この素晴らしさを大人なら高く評価してほしいものです。

出版社はどこのものでもかまいませんので、一家に一冊、ぜひ「要約力」のお手本である世界史の教科書を常備してほしいというのが私の願いです。

## 9　自分自身のプロフィールを書いてみよう

### †よけいなひと言は書かない

就職活動はもちろん、ブログやインスタなどでも自己紹介をする機会は多いと思います。自分自身のプロフィールは、言ってみれば〝自分の要約〟です。

三〇年生きてきたとすると、三〇年分の自分をキュッと要約して、魅力をアピールしなければなりません。まさに「要約力」が問われている場面といえます。

『57歳で婚活したらすごかった』（石神賢介著・新潮新書）を読むと、自分を印象づけるプロフィールの書き方が丁寧に記されています。まず文章は、

①長すぎず、短すぎず、20行くらいでまとめる。
②一文は短く、読みやすいように頻繁に改行する。
③テーマごとに1行空けるなどの工夫をすれば、30行くらいまでは読んでもらえる。
④デスマス体で丁寧な言葉を心がける。
……

ポイントはよけないことを書かない、です。植木職人さんが枝をチョキチョキ剪定していくように、よけいなひと言は切っていく。文章でもおしゃべりでもそうですが、「そのひと言がなければいいのに」という人をよく見かけます。

著者の石神さんに言わせると、自分は写真をのせていないのに、「写真のない女性はお断り」とか、五十代なのに「40代以上の女性は申し込まないでください」と書いている男性が目立つそうです。そのひと言で、たくさんのチャンスを逃しているわけです。

石神さんはプロフィールの例として、次のような文章を示しています。

「真剣に出会いを求めています。よろしくお願いします。

(1) 仕事は家電メーカーの営業です。仕事の成果がわかりやすく、やりがいを感じています。
(2) 趣味はスキューバダイビングです。一カ月に一度は海に行き、一年に一度は南の島に行きます。沖縄の慶良間諸島は最高です。
(3) 餃子が大好物で、都内に3軒好きな餃子の店があります。仲良くなったらお付合いください」

このプロフィールでは「真剣さ」「真面目さ」「スポーツマン」「旅が好き」「食べることが好き」など、少ない行数で多くのことが伝わる、と石神さんは述べています。女性にぴったりはまる『食べて、祈って、恋をして』というアメリカの映画がありましたが、まさに女性受けする要素をコンパクトに盛り込んだ渾身のプロフィールといえましょう。

### †言葉をセレクトするセンスも重要

就職活動でもプロフィールは必要です。ある学生はプロフィールの特技の欄に「飲み会の幹事」と書いて、採用試験に通りました。あとで人事に聞いてみると、「特技の欄がよかった」と言われたそうです。

「飲み会の幹事」が特技だと、付き合いやすそうな感じがします。仕事もできそうだし、頼りになるイメージもあります。これが「酒を飲むこと」と書いてしまうと、ネガティブな感じになるリスクがあります。「飲み会の幹事」という言葉のセンスが絶妙です。

一方、教員採用試験で特技に「腹筋」と書いて、失敗した学生がいました。私なら、「面白い」と思って採用しますが、世間的には子どもに勉強を教えるのに腹筋は関係ない、と判断されたのでしょうか。

プロフィールに何を書くかという言葉のセレクトは重要です。それによって将来が左右されることもあるので、慎重に考えたいところです。

自己紹介は相手に自分を知ってもらうために書くものですから、相手のニーズをよく調べ、求められているものにそった言葉を選びましょう。言葉のセンスに自信がなかったら、友人や親など、第三者に見てもらうのもいいと思います。

## 10　商品の紹介を書いてみよう

### †クールな説明より欲望を刺激するものを

商品の紹介では「要約力」が試されます。商品の特性をあらわす的確な要約はもちろんのこと、買ってみたくなるような言い回しも必要です。

紹介をクールにやる時代は終わりました。紹介するさいには、読む人を前提にするので、「食べたくなる」「見たくなる」「魅力を感じる」要約文が求められています。

宮城県に「萩の月」という銘菓があります。ＨＰにのった紹介文を見てみましょう。

どなたにも喜んでいただける仙台銘菓「萩の月」。
常温で日保ちがいたします。
萩の咲き乱れる宮城野の空にぽっかり浮かぶ名月をかたどった銘菓・萩の月。まろやかでやさしい風味のオリジナルカスタードクリームをたっぷり使い、ふんわりとしたカステラで包みました。

（「菓匠三千」オンラインショップHP）

まず名前の由来を説明しています。「萩の月」ですが、萩＝月なのではなく、萩が咲き乱れる野に浮かぶ名月をあらわしたお菓子です。そのイメージにプラスして、具体的に中身の味について、「ふんわり」「カスタードクリーム」「カステラ」など、原料やつくり方を書いています。

イメージと実際の味の説明がうまくカップリングされているので、食べたくなってしまいます。このように、紹介文を書くときは、欲望を刺激するような書き方を心がけてみましょう。もうひとつ食べ物の紹介文をあげてみます。

〈婦人画報のお取り寄せ〉

もぎたての山形県産さくらんぼを、品種ごとの収穫時期に合わせて産地直送でお届けします。定番人気の「佐藤錦」、少し大ぶりでしっかりとした食感の「紅秀峰」、実が柔らかく女性に人気の黄色いさくらんぼ「月山錦」などなど、WEBサイトでは全9種類の品種を数多く取り揃えています。

ご贈答用にも、ご自宅用にも。お好みの商品を見つけてください。

三種類のサクランボの詰め合わせの紹介です。それぞれの特徴を「定番人気の佐藤錦」「少し大ぶりでしっかりとした食感の紅秀峰」「実が柔らかく女性に人気の黄色い月山錦」と説明しています。

「○○な何とか」「××な何とか」「△△な何とか」という説明のしかたは便利です。紹介するときに覚えておくといい定型文です。

### †疑問をあらかじめつぶしておく

テレビショッピングの商品紹介を見ていても感じますが、商品を前にしたとき、消費者は必ずいくつかの疑問を思い浮かべます。

「もしかしたら音が大きいのではないか」「効果はどれくらい続くのか」「すぐこわれるのではないか」など。

紹介文ではこうした疑問をあらかじめつぶしておく書き方もあります。参考になる例をあげてみましょう。

〔サンダルスリッパ〕

歩行性を高めた足裏に近い形状の
タオル地サンダルスリッパ

カラーサンダルスリッパNは、歩行性を高めるため足裏に近い形状にしています。さらに柔らかな底材を使用することで、スリッパが足と一緒に曲がるため、歩行音が小さいのも特徴です。

足指を解放させてくれるため、長時間履いても疲れません。

タオル部分はさっぱり清潔な抗菌防臭加工を施しています。

お洗濯も出来る洗えるスリッパです。


（UCHINOオンラインショップHPより）

この紹介文は商品の特徴をむだなく、しかも具体的に表現しています。「はくとパタパタするんじゃないか」「長時間はくと、疲れないの?」「歩きやすいの?」といった疑問にあらかじめ答えています。

消費者の疑問に答えるような商品の特徴のあと、洗濯もできて、清潔さが保てますという終わり方もスマートです。私はちょうど夏を迎える時期に、この紹介文を読んで、サンダルを買いたくなってしまいました。

みなさんも身近にある商品の魅力や特徴を要約する紹介文を書いてみましょう。読んだ人が「買いたくなった」と言ったら、その紹介文は大成功です。

## 11 お店の紹介を書いてみる

### †主観と客観のバランスが大事

初めての店に行くとき、SNSや食べログ、ホットペッパーなどネットの口コミを参考にする方は多いのではないでしょうか。

口コミには一般の人がその店を利用したときの感想が書かれています。また自分自身もそうした書き込みをする機会はあると思います。

私もいろいろな店に行くと、「口コミを書いてください」と頼まれることがありまして、感じのいい店だと、書いてあげようかな、という気持ちになります。

お店の紹介文を書くときは、主観が含まれます。マッサージの店について書くなら、当然、施術を受けた感想が必要ですので、「やり方は上手ですが、力がちょっと弱いかもしれない」と書いたとします。

すると、「力がちょっと弱いかもしれない」はその人の主観です。コメントを書いた人が、痛みに強いか弱いかで左右されます。

本来の要約ですと、主観は入れてはいけません。しかし店の感想の場合、利用する人は実感を聞きたいわけですから、主観も必要な情報になります。といっても、すべて主観だと、「この人には合うけど、私にはどうかな」ということもあります。

つまりお店を紹介するときは、（1）客観的な要約と（2）主観的な感想のバランスが重要ということです。「壁と床がモノトーンで統一されていて、落ち着いた雰囲気だった」とか「食事のあとゆず茶が出てきた」というのは客観的な要約です。客観的な要約とは、「事実」のことです。こうした「事実の列挙」は情報として必須です。

お店の紹介では、そうした客観的な事実と主観的な感想の両方が必要です。たとえばカレーの店のこんな紹介が食べログにありました。

「カレー　ボンディ　神保町本店」
〈神保町駅すぐ〉元祖「欧風カレー」のお店
◇神田カレーグランプリ　グランプリ受賞◇
　一度味わったら忘れられないと評判を呼ぶボンディのカレーです。秘蔵のスパイスブレンドがかもし出す絶妙な風味。豊富な乳製品と何種類もの野菜・フルーツをたくみにすり合わせひき出した、とろけるような旨み。不思議な甘さの中に辛さが秘められた、極めつきのおいしさ。ソースの本場、フランス仕込みのオリジナル手づくりソースが奏でる洗練された味のハーモニー。ボンディのカレーはお客様にご満足頂けるよう、シェフが心をこめて丁寧に作っております。

まず、「神田カレーグランプリ」でグランプリを受賞したという事実。グランプリをとっているという客観性に説得力があります。さらに「秘蔵のスパイスブレンド」「何種類もの野菜・フルーツをたくみにすり合わせた」「フランス仕込みのオリジナル手づくりソース」など、この店ならではの客観的な特徴が述べられていて、いい要約だと思います。

さらに「とろけるような旨み」「不思議な甘さの中に辛さが秘められた」といった主観的な感想も併記されていて、「一度味わったら忘れられないと評判を呼ぶ」とまとめているので、そんなに評判のお店なら行ってみようかという気にさせられます。

このように、お店の特徴など客観的な事実に加えて、味の感想といった主観も入れるのがお店を上手に要約するポイントです。

## 12　うまく要約できないときは「規制」をかけるトレーニング

### †規制が多い俳句はトレーニングにうってつけ

要約とふつうの文章の違いは、多くの場合、要約には字数制限があることです。字数無限大の要約などあまり考えられません。スペースが限られていたり、字数や行数が決まっていたりするなど、限定がある中で行うのが要約です。

そう考えると、みなさんは字数が限られているツイッターなどＳＮＳをふだんから利用しているので、「要約力」がきたえられているはずなのですが、大学で学生たちを見ていると、必ずしもそういうわけではないと感じます。

なぜSNSをやっていても「要約力」がきたえられないのかというと、SNSは要約ではなくたんなるおしゃべりだからです。だらだらと緊張感なく、とりとめもなく書いているだけでは「要約力」はつきません。

要約とは、限定がある中で、キリッと緊張感を持ってまとめることです。ですから本気で「要約力」をつけたいと思うなら、ある程度の緊張感を持って、限られた条件下で要約するトレーニングをするのが効果的だと思います。


そのトレーニングにうってつけなのが、「五七五」の俳句です。俳句はさまざまな情報を一七音の中に入れ込まなければならないので、究極の要約といえます。

私はある雑誌から「寅さん」と「イチロー」と「広瀬すず」をそれぞれ使った俳句を頼まれました。気軽に引き受けたものの、俳句は「五七五」の字数制限に加えて、季語も入れなくてはならない。余韻も残さなくてはならない。しかも指定された語句まである、ということで、縛りだらけの大変な作業になりました。

やってみてわかったのですが、「五七五」の文字数では、本当に言葉が入りません。何とか締め切りまでに俳句を提出したのですが、できあがった雑誌を見たら、ほかにも何人か著名人が俳句をつくっていて、それになんと点数がつくという企画でした。

幸いにして、私は「秀作」という点がついていて、ほっと胸をなでおろしたのですが、『にほんごであそぼ』という番組の総合指導をやっている立場上、点数が低かったら笑い話ではすまないところでした。

『ＬＩＶＥＮＥＷＳイット』という報道番組でコメンテーターをすることがあるのですが、大谷選手で五回ほど俳句を求められました。

ＭＶＰ受賞の時に作ったのは、「大鷲の翔びて平《おさ》むる球場《ボールパーク》」。冬でしたので、冬の季語として鷲。翔平を入れてみました。平を平《おさ》むと読む読み方があるので使いました。何でもやるしかないのでやる、トレーニングになります。

俳句で思い出しましたが、私は週刊誌に映画のＤＶＤの紹介を頼まれたことがあります。年末年始に見たい映画ということで、一〇本のＤＶＤを見て、内容を紹介する企画です。映画ですから、ネタバレしない程度に要約は必要です。もちろん私個人の感想や意見もそろえなければなりません。さらに私は隠し味的に紹介文に「五七五」を入れ込むという工夫をしてみました。

これを一〇本分やったので、少々大変でした。でもそのおかげで、ふつうの映画評とはひと味ちがった要約になったのではないかと自負しています。もっとも私の工夫は、おそらくあまり気づいた人がいなかったでしょう。いくつかご紹介します。

『文春シネマ』映画評（二〇二〇年）

**『無頼』**（井筒和幸監督・二〇二〇年公開）

血が騒ぐ、荒ぶる身体の昭和史。スピッツが犬だと知らない良い子は、昭和の無謀な活力に触れてみましょう。コンプラや昭和は遠くなりにけり。バキュームカーが私的ツボ。

**『声優夫婦の甘くない生活』**（エフゲニー・ルーマン監督・二〇二〇年公開・イスラエル）

背に腹はかえられないよ移民なら。なんでもやらなきゃ。こだわり、プライド、思い出、そして脱皮。熟年は軽やかに。プロ声優の声の魅力。ガスマスクに注目、笑えた。

**『ヤクザと家族　The Family』**（藤井道人監督・二〇二一年公開・日本）

自分には、「おやじ」と呼べる人がいる。それはなによりの安心感。舘さんならなおさら。時の流れ。道は塞がる。それもまた致し方なし。綾野剛さん雰囲気あります。

**『新感染半島　ファイナル・ステージ』**（原題ペニンシュラ、ヨン・サンホ監督・二〇二〇年公開・韓国）

パースペクティブ、画面の広がりが、映画的スケール。追い込まれても復元力。カーアクションが迫力。ゾンビがナイス引き立て役！　ゾンビよりヒトがやっかい、廃墟街。

**『天国にちがいない』**（エリア・スレイマン監督・二〇二一年公開・六カ国合作）

パレスチナはどこ？　沈黙のカメラ目線が、物語る。美しく切り取られた風景。閑散とした街頭。コント。監督のスタイルが際立つ。警官はショートコントにはかかせない。

**『聖なる犯罪者』**（ヤン・コマサ監督・二〇二一年公開・ポーランド＋フランス）

真の祈りとは？　形式にとらわれず、裸の心で神に向き合う若き「司祭」。動き出す身体と湧き出る言葉が、消えない怒りを和解へと導く。ポジションが人を育てる、司祭服。

二〇二一年公開用のコメントでは、一歩進めて、五七五でほぼやり切ってみました。

たとえば、『選ばなかった道』という映画。

「国移り誰か故郷を思わざる。認知症どちらがリアル夢現《ゆめうつつ》。霞む脳クッキリ見える別の道。夢想するアナザー人生それも生。目の前にいても違う時を生き。瞬間に意識交わり愛成就。」

五七五は私たち日本人が昔から慣れ親しんだ形式です。いかにむだを削りながら、一七音に情報を集約させるか。その訓練を私たちの文化はずっとしてきたわけです。

お題という縛りに加えて、季語も入れなくてはいけない。そして音の数はたった一七。いやでも緊張感が高まります。その緊張感を持って、俳句をつくってみると、知らず知らずのうちに「要約力」がきたえられていくはずです。

### †和歌でラブレターを書いてみよう

和歌も日本人が得意とする形式です。「五七五七七」の三一音にあふれかえる思いを込めるのが和歌、今風に言えば短歌の特徴です。みなさんもご存じの有名な短歌だと、石川啄木の「はたらけど　はたらけど猶わが生活《くらし》楽にならざり　ぢつと手を見る」があります。

この歌を読めば、あれこれを説明しなくても、二六歳でこの世を去った啄木の生きるつらさが伝わってきます。たった三一音でも本質がわかる。それが短歌や和歌のおそるべき力です。

そもそも和歌とは、「思い余っていろいろ言いたいけれど、言っても伝わりきらないので、三一音に込めました」というものです。

それこそ思いを書きつらねれば、原稿用紙に一〇枚二〇枚になるところを、三一音にまとめたものなので、すさまじい抑制力です。

俳句や短歌の抑制力が何かというと、松尾芭蕉の「いひおほせて何かある」という言葉にヒントがあります。「言い過ぎてはいけない。全部言い切って何かいいことがありますか」という意味です。

文字には全部をつめこまない。本質だけを要約して、あとは余白を残して、他の人が解釈するのにまかせるという、おそろしく抑制された要約の手法が俳句、和歌の神髄です。

ここには解釈してくれる人への信頼関係も必要です。

そこで私は大胆な提案をしてみたいのですが、みなさんも恋歌を和歌で書いてみてはどうでしょうか。『万葉集』の昔から、和歌には恋歌がたくさんあります。

百人一首にある柿本人麿の「あしびきの山鳥の尾のしだり尾のながなが し夜をひとりかも寝む」はまさに長い夜をひとりで寝る淋しさを詠んだ恋歌です。「の」「の」「の」でつないでいく言い回しに、夜は長いな、という感じが出ていますが、どこにも「寂しい」とか「つらい」という言葉は書いてありません。それでも受け取るほうには、「あなたと会えなくて、こんなにもさびしい」という気持ちが伝わるはずです。

片思いの人にこんなラブレターを送ったら、どん引きされてしまうでしょうが、ある程度、わかりあっている恋人同士なら、和歌をつくって送り合うのも風流で、面白いのではないでしょうか。

一〇〇の愛の言葉を並べたてるより、三一音に凝縮した、抑制された和歌のほうが、本質がぐっと伝わることもあるのではないかと思います。

第五章

# さらに高い「要約力」

## †主観と客観のバランスをとるといい要約になる

要約には（1）客観的な要約と（2）主観を交えた要約があります。内容をきちんとおさえた客観的な要約は必須の条件ですが、さらに書いているその人の個性が出ていると、魅力的な要約といえます。

客観的な要約は誰が書いてもだいたい似てくるので、プラスアルファで個性が出て、主観と客観のバラスがとれると、印象に残る要約になります。客観的な要約ができるようになったら、もう一ランク上の魅力的な要約をめざしてみましょう。

そのためにどうしたらいいかですが、要約する情報を三色ボールペンでわけてみます。

青色　客観的な情報、事実
緑色　主観的な感情や、面白情報
赤色　タイトル的な見出しになる情報

この三種類があると、バランスが取れた高度な要約になります。橋田壽賀子さん原作の

『おしん』というドラマを例にとってみましょう。

たとえばある人が「おしんは我慢強い」と言ったとします。おしんが「我慢強い」というのは客観的な事実に近いと思います。橋田さんも「おしん」という名前について、辛抱の「辛」や、芯があるの「芯」、信頼の「信」といった意味合いをこめて名付けたそうです。この「辛」「芯」「信」を要約に入れれば気が利いた感じになります。

「おしん」というタイトルが先に浮かんでいた、と橋田さんが言っているくらいなので、おしんが「我慢強い」というのは事実に近いと見ていいでしょう。

また『おしん』が日本のドラマの最高視聴率六二・九%を取ったとか、イランで視聴率九〇%を超えたことがあったというのも事実です。このように事実を羅列するのが客観的な要約です。

一方、「おしんはかわいらしい」というのはどうでしょうか。かわいいはかわいいのですが、それがおしんの特徴であり、客観的な事実なのかといわれると、ちょっとわかりません。

あるいは「おしんは自分の好きなタイプの女性である」と言ってしまうと、それは完全にその人の主観です。

情報を要約するときは、それが客観的な事実なのか、それとも曖昧なことなのか、完全に自分の主観なのか切り分けることが大切です。そして青色の客観的な事実を中心に、緑色の自分の主観を味付けのようにまぶしていきます。

『おしん』の標準的な要約を書いてみます。

**山形の貧しい農家に生まれた少女・おしんが、明治・大正・昭和の激動の時代を背景に、辛酸をなめながら女の生き方、家族のありようを模索しつつ必死に生きる姿を描いたドラマ。我慢強いおしんの姿が多くの人の胸を打ち、世界的に高い視聴率を取った。**

### †客観的な事実の精度を高める

なお、高度な「要約力」では事実の客観性も問われます。無駄やあいまいなところは省いていって、「ここだけは事実ですよ」というところをまずは並べて出さなければなりません。つまり事実の精度が問われます。

事実の検証を厳密に行うには、デカルトが『方法序説』で説いている四つの原則を用いるといいでしょう。

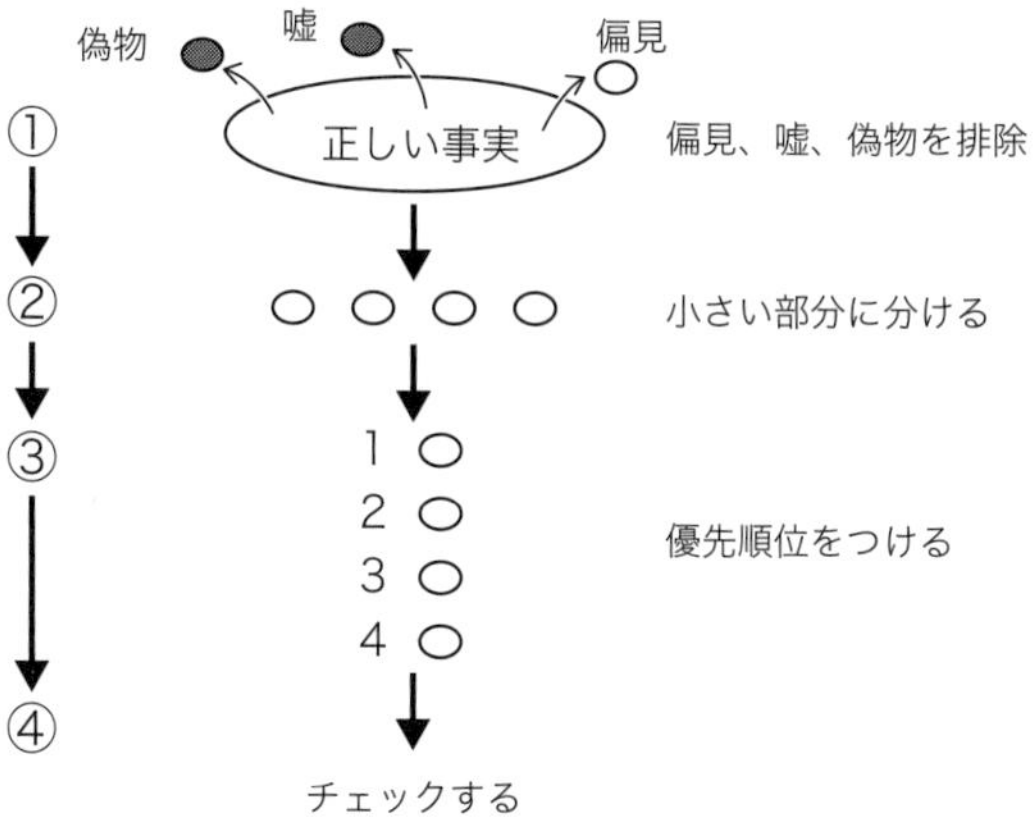


デカルトの4つの原則

（1）完全に正しいと思われる事実や真実を見つけ出すために、偏見を捨て、嘘や偽物を排除していく。
（2）漠然としたものは判断しにくいので、小さい部分にわけて考え、検討する。
（3）重要度の優先順位をつける。
（4）見落としがなかったかチェックする。

「ここは事実です」という情報は（1）〜（4）の方法で検証していけば、精度が高まるでしょう。

これを『おしん』に戻ってあてはめてみます。「おしんは我慢強い」が客観的な事実かどうか検証するには、（1）のステップとして「おしんが我慢強いのは客観的な事実だろうか。自分一人がそう思っているだけではないか」と疑って、怪しければ排除していきます。

この場合、多くの人が「おしんは我慢強い」と言っており、ドラマ中にもそうしたエピソードがたくさん出てくるので、客観的な事実と推測できます。

次に（2）のステップで『おしん』の名前の由来や原作者の意図など、小さくわけて検討してみます。すると名前は「辛抱」や「芯」や「信頼」から来ていること、原作者の橋田さんが『おしん』という名前ありきで、明治時代の女性の生き方を描きたかったことなど付け合わせると、『おしん』の名前にも我慢強さが隠されていることがわかります。つまり「おしんが我慢強い」ことは名前によっても証明されています。

（3）のステップで優先度を見ますが、「おしんは我慢強い」は、ドラマのテーマが辛酸をなめながらもたくましく生きる明治の女性の半生を描いているので、優先度が高い情報であるのは明らかです。

そして最後に（4）のステップとして「おしんは我慢強い」が客観的な事実かどうか見直し、確証が持てれば「おしんは我慢強い」を客観的事実として要約にとりあげてもいい、ということになります。

要約するさいに、盛り込む客観的事実に自信がないときは、ぜひデカルトの四つの原則を適用して、確認してみてください。

### ✝骨格＋シャトーブリアン的な肉をつける

こうして客観的な事実が抽出できたら、そこに個性が出る魅力的な主観を加えていきます。客観的事実という骨格だけだと無味乾燥な要約になるので、骨格プラス肉をつけていくのですが、肉の中でも最高ランクのシャトーブリアン的な肉をくっつけていくのが、高度な「要約力」を持つ人のセンスです。

夏目漱石の『坊っちゃん』の骨格はこうです。

親譲りの無鉄砲な江戸っ子が、数学教師として四国の松山に行きます。彼には小さいころ、ばあやがつけた〝坊っちゃん〟というあだ名があります。坊っちゃんは一本気なため、松山でそりの合わない人たちといろいろないざこざがあって、結局東京に戻ってきてしまうという話です。

ここまでが客観的事実だけを述べた『坊っちゃん』の要約です。ここにシャトーブリアン的な肉をつけていきます。キャッチーなところを自分でセレクトして、「こんな場面がありますー」「この場面が最高」というところを加えるのです。

たとえば天ぷらそばを食べたら、次の日、「天ぷら何杯」みたいなことが黒板に書いてあったり、田舎なので噂がすぐに広まってしまう、というところでもいいでしょう。あるいは校長は「狸」とか、教頭は「赤シャツ」、英語の教師は「うらなり」で、坊っちゃんと馬が合う同僚は「山嵐」など、あだ名が面白い、という指摘でもいいと思います。

これらはあらすじというよりは、魅力的でキャッチーな部分です。そこを骨格にプラスしていくのです。

料理で、いくら厳選された素材を用意しても、美味しいソースがかかっていないと、より美味しくならないのと同じです。骨格にプラスするやり方としては「ひとつ例をあげると」とか「とくに魅力的なのはこれこれです」と説明するのがいいでしょう。

『坊っちゃん』であれば、「マドンナ」「赤シャツ」といった肉を要約につけてみると、キラキラしたちょっと読みたくなる要約になります。

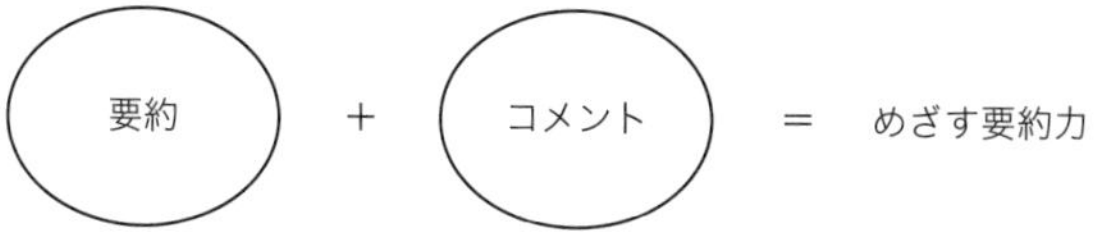


めざす要約力

子どもの頃から無鉄砲だった江戸っ子の「坊っちゃん」は、愛媛県松山の中学校に数学教師として赴任する。一本気な坊っちゃんは生徒たちからいたずらばかりされる。「狸」「うらなり」など教師にあだ名をつけたが、教頭の「赤シャツ」は「うらなり」の許嫁である女性「マドンナ」を横取りするなど、隠れて悪だくみをする卑怯者で、坊っちゃんは気にくわない。同僚の「山嵐」と共に「赤シャツ」をこらしめて学校を去り、東京へ帰り、昔から世話になっていた下女の清とともに暮らすことになる。

ただの肉をくっつけるのではなく、いかにキラキラする最高位のシャトーブリアンを見つけてくるかに、高度な「要約力」の差があらわれます。

### †めざすは「要約力」＋「コメント力」

的確に要約できるだけでも、世の中は渡っていけますが、さらに「要約力」にプラスしてコメントをつけると、世の中でのやりとりが磐石なものになっていきます。すなわち、

### 「要約力」＋「コメント力」

これがあれば、どんな場面にでも対応できる人になれるでしょう。相手の人に「有意義なコミュニケーションだったな」と思ってもらうためには、的確な「要約力」と「そんな発想もあったか」と思わせるエッジの効いたコメントの二つがそろっていれば万全です。

みなさんもよく知っている『ドン・キホーテ』を要約し、「要約力」＋「角度のついたコメント」をつけてみましょう。

ドン・キホーテは騎士道小説を読みすぎて、自分が騎士だと妄想してしまった下級貴族の男が主人公です。小作人のサンチョ・パンサを従え、二人で珍道中をくり広げます。

ここまでが『ドン・キホーテ』の要約です。ここにコメントをつけ加えていきます。

**この物語は妄想がテーマです。現実と妄想がごちゃ混ぜになってしまい、風車が巨人に見えたり、ただの町娘が姫に見えたりします。すると現実が多層的になっているのがわかります。ひとつの現実があるのではなく、複数の多層的な現実がある、という考え方を「マルティプル・リアリティ」と言いますが、それが端的にあらわれているのが『ドン・キホーテ』という作品です。**

このようなコメントをつけられれば、知的な感じになります。ちなみに、「マルティプル・リアリティ」は現象学的社会学者アルフレッド・シュッツの概念です。

## †要約に感想をつけることで一段上の要約になる

うまいコメントが見つからなければ、自分の感想でもいいと思います。ドストエフスキーの『罪と罰』で要約と感想のコメントを考えてみましょう。

『罪と罰』は貧乏な青年ラスコーリニコフが、自分勝手な信念に基づいて強欲な金貸しの老婆を殺害するという物語です。しかし偶然居合わせた老婆の妹も殺してしまったことで、罪の意識に苦しみます。青年は美しい魂を持つ娼婦ソーニャに出会い、罪に向き合って魂が救済されます。

これが『罪と罰』のおおまかな要約です。ここにその人なりの感想を足していきます。たとえば「私はソーニャがラスコーリニコフに「大地に接吻して、私がやりました、と叫びなさい」というところが好きです」と言ったとすると、そこは要約とは関係がありません。

しかしその人が感動し、心揺さぶられたポイントですので、感想というコメントになります。聞いている人は、ただの要約を聞かされるより、「へえ〜、その場面を選びましたか。なるほど」と印象に残ります。

もうひとつ、みなさんもよく知っている映画『鬼滅の刃〜無限列車編』で要約＋コメントを考えてみましょう。

主人公の竈門炭治郎《かまどたんじろう》は、鬼に家族を殺されてしまいます。一人生き残った妹も鬼にされ、その妹を元の人間に戻すために、炭治郎は鬼と戦う鬼滅隊に入ります。無限列車編は、列車の中で鬼と戦う炭治郎と鬼滅隊の仲間たち、そして「柱」と呼ばれる鬼滅隊のリーダーの一人煉獄杏寿郎《れんごくきょうじゅろう》の戦いを描いています。

無限列車の中では、鬼によってみんなが眠らされてしまいます。その中で煉獄杏寿郎がみんなの運命を背負って戦い続けます。

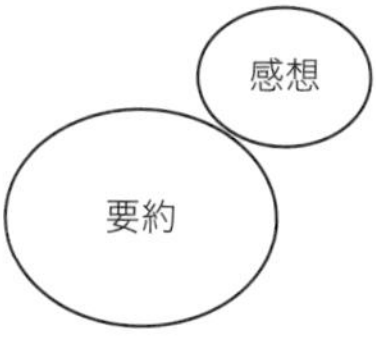


要約に感想を加えると
個性的に

ここまでが要約だとします。あとはこれに感想をつければいいでしょう。

無限列車のテーマは煉獄杏寿郎の心意気です。弱い者を守るために戦うのが強く生まれた者の責務です、という杏寿郎のお母さんの言葉が泣かせます。

どこで自分が泣いたかというポイントをコメントにすると共感が得られます。このようにこれからはたんなる要約だけでなく、プラスアルファのコメントが加わったものが求められると思います。

今、世界で飛び交っているのが何かといったら、貨幣以上にコメントです。ユーチューブでアニメ『呪術廻戦』のテーマソングを見ますと、コメントの半分以上は英語です。世界中から英語でコメントが集まり、日本人も英語でコメントを返します。

中国語や韓国語、フランス語、スペイン語などのコメントもありますが、今は翻訳機能があるので、それらの多言語にも対応できます。だから世界はコメントでつながることが可能なのです。

私は以前、英語を専門とする学生の授業で、SNSで英語のコメントを出すという課題を出しました。すると授業中に、早くもそのコメントに英語で返信が返ってくることがあって、世界がつながっていることを実感しました。

このように「コメント力」というのは、これからの世界でもっとも必要とされる力だと思っています。要約だけだと、少し味気ない気がします。しかし「ここで心が動いた」

「ここで泣いた」というようなコメントもつけられれば、より密度の濃いコミュニケーションが生まれます。

もっともその場合でも、肝心の要約をはずしていると、何の意味もありません。的確な要約があった上でのコメントですから、そのことは忘れないようにしておきましょう。

### †リード文が書けるとインパクトのある要約になる

人を惹きつける言葉を「惹句」といいます。キャッチコピーあるいは、少し長いものだとリード文といってもいいでしょう。要約の最初にこの惹句を持ってくると、全体がキュッと締まり、一段上の要約になります。

太宰治の『人間失格』を紹介する要約で、新潮文庫は次のようなリード文から始めています。

**この主人公は自分だ、と思う人とそうでない人に、日本人は二分される。**

要約の冒頭でいきなりこの一文がくるので、読む人は「なんだ?!」と興味をひかれるでしょう。「『人間失格』は太宰治の苦悩を描いた自伝的な小説です」というありきたりの要約より、ずっとインパクトがあります。

要約というと、全体をまんべんなく、しかも何字以内で書くといった無難な印象でとらえてしまう人が多いのですが、いきなり惹句で始める個性的な要約があってもいいと思います。

リード文やキャッチコピーはタイトルをつけるのとも似ていますが、タイトルは必ずしも要約と直結していないこともあります。有名な映画『ティファニーで朝食を』（ブレイク・エドワーズ監督・一九六一年公開・アメリカ）はティファニーで朝ごはんを食べる話ではありません。ティファニーは宝石店ですから、そもそも食事はできません。

ガルシア・マルケスの『百年の孤独』も、一〇〇年間生きた人の話ではありませんし、住野よるさんの『君の膵臓《すいぞう》をたべたい』も、人の膵臓を食べる話ではありません。タイトルは内容について象徴的になったり、暗喩になっていることが多いのです。

リード文やキャッチコピーは、要約を反映しながら、人を惹きつける文章となります。

「セブンイレブンいい気分」のような口ずさみたくなるようなキャッチコピーがつけられれば、大成功です。

「この小説にキャッチコピーをつけるとしたらどうなるだろう」「要約の冒頭にリード文を書くとしたら」と考えるのは、一段上の「要約力」のトレーニングになります。

とはいっても、インパクトのある惹句は素人が簡単に思いつけるものではありません。そういう場合は、本文中から印象深い一文を引用してくるという手もあります。

『人間失格』を紹介する要約文で、岩波文庫の場合は引用文を惹句に使っています。

**「恥の多い生涯を送って来ました。自分には、人間の生活というものが、見当つかないのです」――世の中の営みの不可解さに絶えず戸惑いと恐怖を抱き、生きる能力を喪失した主人公の告白する生涯。太宰が最後の力をふりしぼった長編。**

これは『人間失格』の中で登場する手記の冒頭に書かれている有名な一文です。それを要約の最初に持ってくると、『人間失格』を知っている人には、「お〜っ、あの言葉だ」と一気に関心をもたれます。知らない人でも「太宰治の言葉なんだ」と印象に残るでしょう。なお、「この主人公は自分だ、と思う人とそうでない人に、日本人は二分される」というリード文を冒頭に持ってきた新潮文庫の紹介文は、さらに「恥の多い生涯を送って来ました」の引用で本文を始めています。

「恥の多い生涯を送って来ました」。そんな身もふたもない告白から男の手記は始まる。男は自分を偽り、ひとを欺き、取り返しようのない過ちを犯し、「失格」の判定を自らにくだす。でも、男が不在になると、彼を懐かしんで、ある女性は語るのだ。「とても素直で、よく気がきいて（中略）神様みたいないい子でした」と。ひとがひととして、ひとと生きる意味を問う、太宰治、捨て身の問題作。

引用で始め、引用で締めるひじょうに面白い要約になっています。最初の引用と最後の引用が内容的にも対比になっている点にも注目です。効果的な引用を持ってくると、要約も一ランク上のものになるいい例でしょう。

## †『ツァラトゥストラ』に見る章ごとの要約

ドイツの哲学者ニーチェが書いた『ツァラトゥストラ』は難解な哲学書です。おまけに分厚いので、最後まで読み切ったという方は少ないのではないでしょうか。

しかし中公文庫プレミアムの『ツァラトゥストラ』は各節の始めに、訳者の手塚富雄さんによる要約が、短くまとめられていて、大変読みやすい形式になっています。みなさんも、難しい本はひとつひとつ章や節にわけて、要約をつくっていくと、全体が理解できるようになります。

難解なものを理解する手引きとして、リード風の要約を考えるのも、さらなる高い「要約力」をめざす訓練になります。

中公文庫プレミアムの『ツァラトゥストラ』の要約を見てみましょう。第一部の最初の節では「長い孤独の末に精神が満ちあふれてきたツァラトゥストラが、山を出て人間のなかに下り、太陽のように与える者になろうとする」とあります。ツァラトゥストラがどんな人物なのかが、この要約でわかります。

ツァラトゥストラは、「絶対的な真理であり、価値であった神は死んだ」、つまり神はいないと説きます。そうなると生きる意味や目標もなくなり、人はただ無意味に生き、死んでいくことをくり返すだけです。これがツァラトゥストラのいう「永劫回帰」の世界です。しかしそれこそが「生」であり、その「生」を肯定して生きるのが「超人」です。その登場を予言して、『ツァラトゥストラ』は終わります。

ポイントとなる節の要約を順番に拾っていきます。

・超人に向かう精神には「駱駝、獅子、幼子」の三段階があるという「三様の変化」の節の要約。

「同志への教説が始まる。重荷に堪える義務精神から自律へ、さらには無垢な一切肯定のなかでの創造へ。これが超人誕生の経路である」

・「永劫回帰」について説明する「快癒しつつある者」の節の要約。

「卑小な人間も回帰することに嘔吐、失神するが、やがて快癒に向かい、歌おうと意欲する。その歌の序として永劫回帰説の概念的紹介」

・最終部の「酔歌」の節の要約。

「今は高い人たちも「生よ、いま一度」と叫ぶ。夜半の鐘とともに永劫回帰の深奥が述べられる。詩であり思想である。本書の最頂点」

どうでしょう。要約を手がかりにすると、何もないよりははるかに読んでみようという気になりませんか？　それに理解も進みます。『ネイチャー』など論文が掲載される雑誌にサマリーがのっているのは、読み手の利便性を考えてのことでしょう。しかしほとんどの本には親切な要約がなく、せいぜいカバーの裏に、それらしき紹介がある程度です。

本に要約がないなら、自分でつくってしまいましょう。一章あるいは一節ずつ、要約をつくっていけば、難解な文章も読みこなせるようになります。これも一段上をめざす「要約力」といえます。

## †印象的な強い言葉で自分なりの名言をつくってみよう

前述したように、要約の究極は定義です。「○○は××と見つけたり」と定義できれば、かなりの「要約力」上級者といえるでしょう。定義とは本質そのものです。本質を短い言葉でキュッとまとめるのが、「要約力」のめざすところです。

そこで、もしみなさんがより高いレベルの「要約力」を目ざすのであれば、第一章でも説明しましたが、世の中のことを自分なりに定義する習慣を身につけるといいでしょう。普遍的な定義をめざそうとすると、ハードルが上がるので、自分流の名言をつくる気持ちで取り組むのがいいと思います。

NHKの『プロフェッショナル　仕事の流儀』では次々と自分流の名言が生み出されています。この番組はその道のプロを追うドキュメンタリーで、最後に「プロフェッシュルとは?」と質問し、答えてもらうのが定番です。

### [プロフェッショナルとは?]

**黒柳徹子**（女優）

「高度の知識と技術をもって、仕事を継続してやっていくことって思ったんですけど、情熱をもって熟練した仕事を継続してやっていける人」

**萩本欽一**（**コメディアン**）

「面白くない仕事に就いて、面白い仕事にしてしまう人」

**本田秀夫**（**精神科医**）

「とにかくそれを仕事にするとなったら、そのことをずっと考え続けている。それが飯食っているときも、遊んでいるときも、なにかのひょうしに「あ、これって仕事にこういう風に使えるかもしれない」とか、「こういうヒントになるかもしれない」とかそういうことに常に結び付けて考えられる人」

**木村光希**（**納棺師**）

「人をおくるということに、正解や完璧っていうのはないと思います。なので、もっとこうしてあげたいとか、もっと出来るとか、そういった思いを持ち続けられること」

**宇多田ヒカル**（**シンガーソングライター**）

「音楽に対して正直であること。かっこ悪いことも恥ずかしいことも認めたくないことも全部含めて自分と向き合うということ。自分の聖域を守るということ」

**本田圭佑（プロサッカー選手）**
「ケイスケ・ホンダ。プロフェッショナルを〝ケイスケ・ホンダ〟にしてしまえばいい。今、「は?」と思っている人が自然と言えるくらいの生き様を見せていきたいという抱負も込めてこの答えにする」
**羽生義治（棋士）**
「その人がその時点で持っているものを常に出し切れること」
**山中伸弥（研究者）**
「自分が何もわかってないことをわかっていること」
**川上量生（経営者）**
「誇りをもって仕事をしているかどうか。どんな仕事をしていても、それが下手くそであったとしても、それを自分の仕事だと思って、誇りを持って、自信を持ってやっている人って見てて尊敬するし、僕もそういう風になりたいですね」

一種の〝無茶ぶり〟ですが、聞かれたほうは自分独自の表現で返さないといけないので、それぞれのプロの方たちが、個性的な定義、あるいは名言を返しています。自分でつくる名言の参考になるでしょう。

世界三階級を制したプロボクサーの長谷川穂積選手は、「ボクシングというのは、やるのに理由が必要なスポーツだ」と言っています。

胸に刺さる言葉です。私はテニスをやっていましたが、テニスはやるのに理由はあまり必要ないスポーツです。やりたければやればいい。

でもボクシングはとにかく痛い上に、減量も苦しすぎます。なぜ、こんなことをしなければならないのかと思うので、たしかにやるのに理由が必要になるでしょう。

長谷川選手のこの言葉は、まさにボクシングをプロとしてやってきた人にしか言えないものだな、と感じます。

## †達人たちの名言に学ぶ

野球の野村克也さんは「野球とは確率のスポーツだ」と言っています。野球に限らず、球技は比較的確率であらわせるものが多いのですが、とりわけ野球は打率何割など数字となじみやすいスポーツです。

野村さんは監督時代に、データを集めて「ＩＤ野球」というやり方を導入し、球団を何度も優勝に導きました。ストライクゾーンを九つにわけ、「この球は内角で落として、次はアウトコースのスライダーで配球せよ」などデータに基づく采配をしたのです。「野球とは確率のスポーツだ」という言葉は、野村さんの人生をこめた定義といえましょう。この定義のおかげで、日本人の野球に対する見方は、相当深くなっています。

もう一人、野球選手をあげますと、王貞治さんの言葉も深いものです。

「僕は人生は円だと思ってきました。朝があれば、昼があり、夜があって、朝がくる。季節でいえば冬がくれば、春、夏、秋がきて。これはもう止めようがありません」

この言葉を聞いて、私も人生が一年一年というよりは、春、夏、秋、冬でできているような気がしました。私は大学の教員ですので、三月に卒業式を終えて、すぐに入学式があってまた新しい人たちを迎えます。四月で始まって、三月で終わり、また四月で始まるというサイクルをくり返して、私の人生は終わっていくだろうな、としみじみ思います。

野口体操をつくった野口三千三さんの定義も、私たちの身体感覚を変えてくれるものです。野口さんは、体操の定義について次のように語っています。

「自分の中にある、大自然から分けあたえられた自然の力により、自分の中にある、大自然から分けあたえられた自然の材料によって、自分という自然の中に、自然としての新しい自分を創造する、そのような営みを体操と呼ぶ」(『原初生命体としての人間』岩波現代文庫)

ふつう体操といえば、体を動かすだけだと思いますが、野口さんは「自然としての新しい自分を創造する」と定義しています。私たちが思う体操とはイメージが全然違います。身体感覚も変わっていて、人間の体は皮袋のイメージだと言っています。皮袋の中にたぷたぷした液体があって、その中に骨が浮かんでいる感じ、と表現していて、斬新な身体感覚を持っていることがわかります。

名言とはちょっと違いますが、古くから伝わる家訓も本質を短い言葉にまとめた究極の要約でしょう。

私は『最強の家訓』(祥伝社新書)という本を出したことがあって、さまざまな家訓を集めました。一代で安田財閥を築いた安田善次郎は、郷里の富山を出るとき、二つの誓いを立て、死ぬまで守り続けたそうです。

一、自己の利益を得た為には勿論のこと何事か拘はらず、虚言を以て他人を損し害《そこ》なはざること。

一、如何なる利益の假《よ》しあつたにしろ、身分不相当の生活は断じて為すべからざること。

（吉田實男『商家の家訓』清文社より）

みなさんも自分に課していることや、マイルールを「一、これこれであること」「一、これこれであること」と書き出して、あえて家訓風にまとめてみるのも面白いかもしれません。

なお古典にはひと言で言い切る要約があふれています。たとえば『孫子の兵法』を読むと、「戦わずして人の兵を屈するは善の善なる者なり」とあり、最高の勝ち方は戦わずに勝つことだと言っています。また「彼を知り己を知れば百戦殆《あや》うからず」は有名な言葉です。

孫子の言葉はとても数学的、論理的にスパッと要約してくれているので、心にスッと届きます。戦いは複雑な状態であるはずなのに、こんなに短い要約ができるのです。

**二〇歳の顔は自然の贈り物。**
**五〇歳の顔はあなたの功績。　――シャネル**

**構えとは、起こり得るすべての状況に対応できる準備である。　――ブルース・リー**

**帝国主義とは資本主義の独占段階である。　――レーニン『帝国主義論』**

ここまでハイレベルな定義や名言は難しいとしても、みなさんも一度「愛とは」「笑いとは」「生きるとは」「人生とは」など命題を立てて、定義や名言を考えてみるといいでしょう。

本質をギュッと引き締め、短い言葉で言い切る究極の要約ができるかもしれません。

## †三つなげて、視点をつくる

何かを要約するとき、対象を三つ出し、共通点をつないでいくと、独自の視点を持った高度な要約になります。

例をあげます。『& Premium 特別編集　あの人の読書案内』（マガジンハウス）という雑誌にのっていたもので、いろいろな方が自分にとっての「心の本」を紹介しています。その本のあげ方に、その人なりの視点が見られるのです。

写真家の石内都さんは『沈黙の春』（レイチェル・カーソン・新潮文庫）、『新装版　苦海浄土　わが水俣病』（石牟礼道子・講談社文庫）、『第七官界彷徨』（尾崎翠・河出文庫）の三冊を「心の本」としてあげました。

『沈黙の春』は世界の公害に対して問題提起した有名な書です。『苦海浄土』も水俣の公害を物語風にして、力強い文章で描いています。

『第七官界彷徨』は人間の五つの器官（目、耳、鼻、舌、皮膚）と第六感を超えるような詩を書きたいという少女が主人公の小説です。この本の作者は大変な才能の持ち主でしたが、大正〜昭和初期に作家として生きるのは難しく、潔く筆を折ってしまいました。

三冊の本に共通しているのは、いずれも勇気ある女性の書き手だということです。それぞれの作品はまったく異なるものですが、ばらばらに三つの本を出してきたのではなく、「勇気ある女性」というひとつの視点でつながっています。

このように要約に視点が入ると、個性が出ます。そして自分なりの視点を見つけるには、三つ並べるやり方がおすすめです。好きな映画ベスト3とか、好きな武将ベスト3、尊敬する人ベスト3など三つあげていくと、あげた人の個性が出ます。

ベスト1ではなくベスト3が重要です。ひとつだけだと、好きな武将ベスト1で織田信長をあげる人はたくさんいるでしょう。でも三人武将をあげてもらうと、その人の好みや生き方のスタイルが鮮明になります。それぞれがどうつながっているのかが視点です。

自分の視点がわからない人は、とりあえず自分のベスト3を出してみて、つながりを考えればいいでしょう。なぜ自分はこの三つをあげたのかと考えていくと、そこに視点の独自性が見えてくるでしょう。

それぞれがどうつながっているのかがわかれば、違いも鮮明になります。つながりと違いを含めて、高度な要約が展開できます。

# おわりに

「要約力」の本を書いておいて、最後にこんなことを言うのも何ですが、実はみなさんはすでに全員が「要約力」を持っているのです。

なぜかというと、みなさんが小学校から中学、高校、大学まで、ずっと続けてきた勉強こそが、要約することだったからです。勉強とはつきつめると、要約の訓練にほかなりません。

試験の答案がその典型です。授業で教わったぼうだいな情報を頭につめこんだ上で、相手の問いかけに応じて、要約した解答を書いていく。私たちはずっとそれをくり返し、訓練してきたわけです。

ですから自分で気づいていなくても、ある程度の「要約力」は身についています。一例をあげましょう。私の大学の学生が就職したあと、上司から大量のデータを渡され、明日の会議までに資料をつくるよう命令されたそうです。

絶対無理だと思いましたが、火事場の馬鹿力でやってみたら、何とか間に合い、上司から「よくまとまっている」とおほめの言葉をもらったそうです。

こんなことができるのは、小学校のころから訓練してきた「要約力」のおかげです。私たちはみな「要約力」の基礎体力を持っているので、必要に迫られれば誰でも火事場の馬鹿力を発揮できます。

私自身もつい最近、「要約力」に助けられる経験をしました。身の回りで建築関係の工事があり、私が専門家から説明を受けて、業者さんと関係者に説明しなければならない立場に置かれたのです。

建築基準法や耐震性、建築の工法など、私がまったく知らない専門的な話を聞いたあと、それを要約してみなさんに伝えたところ、「専門家の話を完璧に要約している」と立ち会った人からほめられてしまいました。

なぜ私にそんなことができたのかというと、やはり小学校時代から培ってきた「要約力」の訓練のたまものだと思います。

私たちは全員「要約力」を持っています。これはいわば潜在能力のようなものですから、いざとなれば、誰でも発揮できます。ただそれをもっときたえれば、さらなる高いレベルの「要約力」が身につきます。

「要約力」は現代社会を生き抜くすべてに通じる力ですから、「要約力」を高めれば高めるほど、人生は幸せに生きられるでしょう。

もともとある「要約力」をさらなる高みに。

これを合言葉に、この本で「要約力」をトレーニングしていただければ幸いです。

この本が形になるに当たっては、辻由美子さんと筑摩書房の羽田雅美さんからお力をいただきました。ありがとうございました。

齋藤　孝

図版作成＝朝日メディアインターナショナル株式会社
編集協力　辻　由美子

ちくま新書
1630


頭《あたま》がよくなる！　要約力《ようやくりょく》

二〇二二年二月一〇日　第一刷発行

著者　齋藤孝（さいとう・たかし）

発行者　喜入冬子

発行所　株式会社　筑摩書房
東京都台東区蔵前二-五-三　郵便番号一一一-八七五五
電話番号〇三-五六八七-二六〇一（代表）

装幀者　間村俊一

印刷・製本　三松堂印刷　株式会社




ISBN978-4-480-07459-1 C0295

## ちくま新書

1189
恥をかかないスピーチ力
齋藤孝
自己紹介や、結婚式、送別会など人前で話す機会は意外と多い。そんな時のためのスピーチやコメントのコツと心構えを教えます。これさえ読んでいれば安心できる。

1340
思考を鍛えるメモ力
齋藤孝
メモの習慣さえつければ、仕事の効率が上がるだけでなく思考が鍛えられる。基本のメモ力から、攻めのメモ力の技術、さらに大谷翔平等から学ぶ「鬼のメモ力」とは。

1412
超速読力
齋藤孝
「超速読力」とは、本や書類を見た瞬間に内容を理解し、コメントを言えるという新しい力。本質をつかむためには必須の能力なのだ。日本人なら誰でも鍛えられる。

766
現代語訳 学問のすすめ
福澤諭吉
齋藤孝訳
論吉がすすめる「学問」とは？ 世のために動くことで自分自身も充実する生き方を示し、激動の明治時代を導いた大ベストセラーから、今すべきことが見えてくる。

877
現代語訳 論語
齋藤孝訳
学び続けることの中に人生がある。——二千五百年間、読み継がれ、多くの人々の「精神の基準」となった古典中の古典を、生き生きとした訳で現代日本人に届ける。

906
論語力
齋藤孝
学びを通した人生の作り上げ方、社会の中での自分の在り方、本当の合理性、柔軟な対処力——。『論語』の中には、人生に必要なものがすべてである。決定的入門書。

912
現代語訳 福翁自伝
福澤諭吉
齋藤孝編訳
近代日本最大の啓蒙思想家福沢諭吉の自伝を再編集&現代語訳。痛快で無類に面白いだけではない。読めば必ず、最高の人生を送るためのヒントが見つかります。

# ちくま新書

1399
問い続ける力
石川善樹
「自分で考えなさい」と言われるが、何をどう考えればいいのだろうか？　様々な分野の達人9人をたずね、それぞれの問いのたて方、そして問い続ける力を探り出す。

1491
考え続ける力
石川善樹
「考える」とは何か？　安宅和人、濱口秀司、大嶋光昭、小泉英明、篠田真貴子ら「考え続ける賢人」の頭の中をのぞき見る。「思考シリーズ」新書第2弾。

1354
国語教育の危機
――大学入学共通テストと新学習指導要領
紅野謙介
二〇二一年より導入される大学入学共通テスト。高校国語教科書の編集に携わってきた著者が、そのプレテスト問題を分析し、看過できない内容にメスを入れる。

1386
大学の未来地図
――「知識集約型社会」を創る
五神真
高等教育機関たる大学は知の集積拠点である。価値創造の上でも力を発揮する大学は、日本の未来にとっても重要な役割を果たす。その可能性を説く新時代の大学論！

1451
大学改革の迷走
佐藤郁哉
シラバス、ＰＤＣＡ、ＫＰＩ……。大学改革にまつわる政策は理不尽、理解不能なものばかり。なぜそういった改革案が続くのか？　その複雑な構造をひもとく。

1455
ことばの教育を問いなおす
――国語・英語の現在と未来
鳥飼玖美子
苅谷夏子
苅谷剛彦
大学入学共通テストへの記述問題・民間試験導入などで揺れ動く国語教育・英語教育。ことばの教育はどうあるべきなのか、3人の専門家がリレー形式で思考する。

1468
国語教育　混迷する改革
紅野謙介
実用文と複数資料を扱う「大学入学共通テスト」の構造的欠陥とは。論理と文学を切り分けた「新学習指導要領」の行方は。歪められつつある国語教育の未来形を考える。

ちくま新書

1473
危機に立つ東大
——入試制度改革をめぐる葛藤と迷走
石井洋二郎
秋季入学構想の加速、英語民間試験をめぐる問題……日本のリーディング大学で何が起こっていたのか？　改革の経緯を見直し、大学のあるべき姿を提示する。

1511
学力格差を克服する
志水宏吉
学力格差の実態はどうなっているのか？　それを克服するにはどうすればよいのか？「学力保障」の考え方や学校の取り組みなどを紹介し、解決に向け考察する。

1549
日本の教育はダメじゃない
——国際比較データで問いなおす
ジェルミー・ラプリー
小松光
「いじめや不登校」「ゆとり教育の失敗」……日本の教育への数々の批判は本当なのか？　気鋭の2人が国際比較データを駆使して教育問題に新たな視点を提供する。

1571
デジタルで変わる子どもたち
——学習・言語能力の現在と未来
バトラー後藤裕子
スマホ、SNS、動画、ICT教育……デジタル技術の発展で急速に変化する子どもの学習環境。最新研究をもとにデジタル時代の学びと言語能力について考察する。

1605
入試改革はなぜ狂って見えるか
物江潤
総合学習、多面的評価、高大接続……。教育や入試の改革はなぜいつも見当違いばかりなのか。理想と現実のはざまで混乱する議論に惑わされないための視点とは。

1625
政策起業家
——「普通のあなた」が社会のルールを変える方法
駒崎弘樹
「フローレンスの病児保育」「おうち保育園」「障害児保育園ヘレン」等を作ってきた著者の、涙と笑いの闘いの記録。政治家や官僚でなくてもルールを変えられる！

1200
「超」入門！　論理トレーニング
横山雅彦
「伝えたいことを相手にうまく伝えられない」のはなぜか？　日本語をロジカルに運用し、論理思考をコミュニケーションとして使いこなすためのコツを伝授！